老舍小说精汇

月牙集

舒乙／主编

老舍

文汇出版社

图书在版编目（CIP）数据

月牙集 / 老舍著．－上海：文汇出版社，2008.11
ISBN 978-7-80741-442-1

I．月… II．老… III．①中篇小说－作品集－中国－现代 ②短篇小说－作品集－中国－现代 IV.I246.7

中国版本图书馆 CIP 数据核字（2008）第 160188 号

月牙集

作　　者 /	老　舍
责任编辑 /	若　晨　江　飞
装帧设计 /	灵动视线
出版发行 /	文汇出版社
	上海市威海路 755 号
	（邮政编码 200041）
经　　销 /	全国新华书店
印　　刷 /	山东新华印刷厂临沂厂
版　　次 /	2008 年 11 月第 1 版
印　　次 /	2008 年 11 月第 1 次印刷
开　　本 /	870×1092　1/32
字　　数 /	233 千
印　　张 /	8
书　　号 /	ISBN 978-7-80741-442-1
定　　价 /	27.00 元

老舍小传

　　老舍（1899.2.3—1966.8.24），我国现代文豪，小说家，戏剧作家。原名舒庆春，字舍予，满族，北京人。出身寒苦，自幼丧父，北京师范学校毕业，早年任小学校长、劝学员。1924年赴英在伦敦大学东方学院教中文，开始写作，连续在《小说月报》上发表长篇小说《老张的哲学》、《赵子曰》、《二马》，成为我国现代长篇小说奠基人之一。归国后先后在齐鲁大学、山东大学任教，同时从事写作，其间代表作有长篇小说《猫城记》、《离婚》、《骆驼祥子》，中篇小说《月牙儿》、《我这一辈子》，短篇小说《微神》、《断魂枪》等。抗日战争爆发后到武汉和重庆组织中华全国文艺界抗敌协会，对内总理会务，对外代表"文协"，创作长篇小说《四世同堂》，并对现代曲艺进行改良。1946年赴美讲学，四年后回国，主要从事话剧剧本创作，代表作有《龙须沟》、《茶馆》，荣获"人民艺术家"称号，被誉为语言大师。曾任全国文学艺术界联合会副主席、全国作家协会副主席及北京市文联主席。1966年"文革"初受严重迫害后自沉于太平湖中。有《老舍全集》十九卷。

目 录

序 …………………………………………… 1
月牙儿 ………………………………………… 1
新时代的旧悲剧 …………………………… 53
我这一辈子 ………………………………… 119
且说屋里 …………………………………… 195
不成问题的问题 …………………………… 213

目 录

序

若是以字数的多少为凭,而可以把小说分为短篇,中篇,与长篇三类,这个集子似乎应当叫作中篇小说集,因为其中所收的五篇作品都是相当的长的。这五篇写著的年月并不紧紧相靠,一篇与另一篇的距离有的约在十来年之久;现在我把它们硬放在一处,实在因为"肩膀齐是弟兄"。假若还另有理由的话,那就是这几篇都是我自己所喜欢的东西。我不善于写短篇,所以中篇,因为字数稍多,可以使我多得到点施展神通的机会;即使不能下笔如有神,起码也会有鬼!

老 舍 一九四七、六、廿三,纽约。
载《月牙集》,1948年9月上海晨光出版公司初版。

月 牙 儿

一

是的,我又看见月牙儿了,带着点寒气的一钩儿浅金。多少次了,我看见跟现在这个月牙儿一样的月牙儿;多少次了。它带着种种不同的感情,种种不同的景物,当我坐定了看它,它一次一次的在我记忆中的碧云上斜挂着。它唤醒了我的记忆,像一阵晚风吹破一朵欲睡的花。

二

那第一次,带着寒气的月牙儿确是带着寒气。它第一次在我的云中是酸苦,它那一点点微弱的浅金光儿照着我的泪。那时候我也不过是七岁吧,一个穿着短红棉袄的小姑娘。戴着妈妈给我缝的一顶小帽儿,蓝布的,上面印着小小的花,我记得。我倚着那间小屋的门垛,看着月牙儿。屋里是药味,烟味,妈妈的眼泪,爸爸的病;我独自在台阶上看着月牙,没人招呼我,没人顾得给我作晚饭。我晓得屋里的惨凄,因为大家说爸爸的病……可是我更感觉自己的悲惨,我冷,饿,没人理我。一直的我立到月牙儿落下去。什么也

是的,我又看见月牙儿了,带着点寒气的一钩儿浅金。多少次了,我看见跟现在这个月牙儿一样的月牙儿;多少次了,它唤醒了我的记忆,像一阵晚风吹破一朵欲睡的花。

李全武　徐勇民　插图

没有了，我不能不哭。可是我的哭声被妈妈的压下去；爸，不出声了，面上蒙了块白布。我要掀开白布，再看看爸，可是我不敢。屋里只是那么点点地方，都被爸占了去。妈妈穿上白衣，我的红袄上也罩了个没缝襟边的白袍，我记得，因为不断地撕扯襟边上的白丝儿。大家都很忙，嚷嚷的声儿很高，哭得很厉，可是事情并不多，也似乎值不得嚷：爸爸就装入那么一个四块薄板的棺材里，到处都是缝子。然后，五六个人把他抬了走。妈和我在后边哭。我记得爸，记得爸的木匣。那个木匣结束了爸的一切：每逢我想起爸来，我就想到非打开那个木匣不能见着他。但是，那木匣是深深地埋在地里，我明知在城外哪个地方埋着它，可又像落在地上的一个雨点，似乎永难找到。

三

妈和我还穿着白袍，我又看见了月牙儿。那是个冷天，妈妈带我出城去看爸的坟。妈拿着很薄很薄的一罗儿纸。妈那天对我特别的好，我走不动便背我一程，到城门上还给我买了一些炒栗子。什么都是凉的，只有这些栗子是热的；我舍不得吃，用它们热我的手。走了多远，我记不清了，总该是很远很远吧。在爸出殡的那天，我似乎没觉得这么远，或者是因为那天人多；这次只是我们娘儿俩，妈不说话，我也懒得出声，什么都是静寂的；那些黄土路静寂得没有头儿。天是短的，我记得那个坟：小小的一堆儿土，远处有一些高土岗儿，太阳在黄土岗儿上头斜着。妈妈似乎顾不得我了，

3

带着寒气的月牙儿,第一次在我忆记的云中是酸苦。那时我不过七岁。重病的爸爸不出声了……我明知在城外哪个地方埋着他,可又像落在地上的一个雨点,似乎永难找到。

李全武 徐勇民 插图

把我放在一旁，抱着坟头儿去哭。我坐在坟头的旁边，弄着手里那几个栗子。妈哭了一阵，把那点纸焚化了，一些纸灰在我眼前卷成一两个旋儿，而后懒懒地落在地上；风很小，可是很够冷的。妈妈又哭起来。我也想爸，可是我不想哭他；我倒是为妈妈哭得可怜而也落了泪。过去拉住妈妈的手："妈不哭！不哭！"妈妈哭得更恸了。她把我搂在怀里。眼看太阳就落下去，四外没有一个人，只有我们娘儿俩。妈似乎也有点怕了，含着泪，扯起我就走，走出老远，她回头看了看，我也转过身去：爸的坟已经辨不清了；土岗的这边都是坟头，一小堆一小堆，一直摆到土岗底下。妈妈叹了口气。我们紧走慢走，还没有走到城门，我看见了月牙儿。四外漆黑，没有声音，只有月牙儿放出一道儿冷光。我乏了，妈妈抱起我来。怎样进的城，我就不知道了，只记得迷迷糊糊的天上有个月牙儿。

四

刚八岁，我已经学会了去当东西。我知道，若是当不来钱，我们娘儿俩就不要吃晚饭；因为妈妈但分有点主意，也不肯叫我去。我准知道她每逢交给我个小包，锅里必是连一点粥底儿也看不见了。我们的锅有时干净得像个体面的寡妇。这一天，我拿的是一面镜子。只有这件东西似乎是不必要的，虽然妈妈天天得用它。这是个春天，我们的棉衣都刚脱下来就入了当铺。我拿着这面镜子，我知道怎样小心，小心而且要走得快，当铺是老早就上门的。我怕当铺的那个大

　　刚八岁,我已经学会了去当东西。一次我去当妈常用的镜子,店主嫌少。待我跑回家取了妈最心爱的银簪赶回当铺时,那可怕的大门已经严严地关上了。我看着天,啊,又是月牙儿照着我的泪!

李全武　徐勇民　插图

红门，那个大高长柜台。一看见那个门，我就心跳。可是我必须进去，似乎是爬进去，那个高门坎儿是那么高。我得用尽了力量，递上我的东西，还得喊："当当！"得了钱和当票，我知道怎样小心的拿着，快快回家，晓得妈妈不放心。可是这一次，当铺不要这面镜子，告诉我再添一号来。我懂得什么叫"一号"。把镜子搂在胸前，我拚命的往家跑。妈妈哭了；她找不到第二件东西。我在那间小屋住惯了，总以为东西不少；及至帮着妈妈一找可当的衣物，我的小心里才明白过来，我们的东西很少，很少。妈妈不叫我去了。可是"妈妈咱们吃什么呢？"妈妈哭着递给我她头上的银簪——只有这一件东西是银的。我知道，她拔下过来几回，都没肯交给我去当。这是妈妈出门子时，姥姥家给的一件首饰。现在，她把这么一件银器给了我，叫我把镜子放下。我尽了我的力量赶回当铺，那可怕的大门已经严严地关好了。我坐在那门墩上，握着那根银簪。不敢高声地哭，我看着天，啊，又是月牙儿照着我的眼泪！哭了好久，妈妈在黑影中来了，她拉住了我的手，噢，多么热的手，我忘了一切的苦处，连饿也忘了，只要有妈妈这只热手拉着我就好。我抽抽搭搭地说："妈！咱们回家睡觉吧。明儿早上再来！"妈一声没出。又走了一会儿："妈！你看这个月牙；爸死的那天，它就是这么歪歪着。为什么她老这么斜着呢？"妈还是一声没出，她的手有点颤。

五

妈妈整天地给人家洗衣裳。我老想帮助妈妈,可是插不上手。我只好等着妈妈,非到她完了事,我不去睡。有时月牙儿已经上来,她还哼哧哼哧地洗。那些臭袜子,硬牛皮似的,都是铺子里的伙计们送来的。妈妈洗完这些"牛皮"就吃不下饭去。我坐在她旁边,看着月牙,蝙蝠专会在那条光儿底下穿过来穿过去,像银线上穿着个大菱角,极快的又掉到暗处去。我越可怜妈妈,便越爱这个月牙,因为看着它,使我心中痛快一点。它在夏天更可爱,它老有那么点凉气,像一条冰似的。我爱它给地上的那点小影子,一会儿就没了;迷迷糊糊的不甚清楚,及至影子没了,地上就特别的黑,星也特别的亮,花也特别的香——我们的邻居有许多花木,那棵高高的洋槐总把花儿落到我们这边来,像一层雪似的。

六

妈妈的手起了层鳞,叫她给搓搓背顶解痒痒了。可是我不敢常劳动她,她的手是洗粗了的。她瘦,被臭袜子熏的常不吃饭。我知道妈妈要想主意了,我知道。她常把衣裳推到一边,愣着。她和自己说话。她想什么主意呢?我可是猜不着。

妈整天地给人洗衣裳。有时月牙儿已经上来,还哼哧哼哧地洗着。她瘦,被臭袜子熏得常不吃饭。她常愣着,像是在想什么主意。

李全武　徐勇民　插图

七

妈妈嘱咐我不叫我别扭,要乖乖地叫"爸":她又给我找到一个爸。这是另一个爸,我知道,因为坟里已经埋好一个爸了。妈嘱咐我的时候,眼睛看着别处。她含着泪说:"不能叫你饿死!"噢,是因为不饿死我,妈才另给我找了个爸!我不明白多少事,我有点怕,又有点希望——果然不再挨饿的话。多么凑巧呢,离开我们那间小屋的时候,天上又挂着月牙。这次的月牙比哪一回都清楚,都可怕;我是要离开这住惯了的小屋了。妈坐了一乘红轿,前面还有几个鼓手,吹打得一点也不好听。轿在前边走,我和一个男人在后边跟着,他拉着我的手。那可怕的月牙放着一点光,仿佛在凉风里颤动。街上没有什么人,只有些野狗追着鼓手们咬;轿子走得很快。上哪去呢?是不是把妈抬到城外去,抬到坟地去?那个男人扯着我走,我喘不过气来,要哭都哭不出来。那男人的手心出了汗,凉得像个鱼似的,我要喊"妈",可是不敢。一会儿,月牙像个要闭上的一道大眼缝,轿子进了个小巷。

八

我在三四年里似乎没再看见月牙。新爸对我们很好,他有两间屋子,他和妈住在里间,我在外间睡铺板。我起初还想跟妈妈睡，可是几天之后，我反倒爱"我的"小屋了。屋里有白白的墙，还有条长桌，一把椅子。这似乎都是我的。我的被子也比从前的厚实暖和了。妈妈也渐渐胖了点，脸上有了红色，手上的那层鳞也慢慢掉净。我好久没去当当了。新爸叫我去上学。有时候他还跟我玩一会儿。我不知道为什么不爱叫他"爸"，虽然我知道他很可爱。他似乎也知道这个，他常常对我那么一笑；笑的时候他有很好看的眼睛。可是妈妈偷告诉我叫爸，我也不愿十分的别扭。我心中明白，妈和我现在是有吃有喝的，都因为有这个爸，我明白。是的，在这三四年里我想不起曾经看见过月牙儿；也许是看见过而不大记得了。爸死时那个月牙，妈轿子前面那个月牙，我永远忘不了。那一点点光，那一点寒气，老在我心中，比什么都亮，都清凉，像块玉似的，有时候想起来仿佛能用手摸到似的。

九

我很爱上学。我老觉得学校里有不少的花，其实并没有；只是一想起学校就想到花罢了，正像一想起爸的坟就想起城外的月牙儿——在野外的小风里歪歪着。妈妈是很爱花的，虽然买不起，可是有人送给她一朵，她就顶喜欢地戴在头上。我有机会便给她折一两朵来；戴上朵鲜花，妈的后影还很年轻似的。妈喜欢，我也喜欢。在学校里我也很喜欢。也许因为这个，我想起学校便想起花来？

　　从此妈和我不再挨饿,而且我居然能上学了。在以后的三四年里,我似乎再也没有看见月牙儿。

　　　　　　　　　　李全武　徐勇民　插图

十

当我要在小学毕业那年,妈又叫我去当当了。我不知道为什么新爸忽然走了。他上了哪儿,妈似乎也不晓得。妈妈还叫我上学,她想爸不久就会回来的。他许多日子没回来,连封信也没有。我想妈又该洗臭袜子了,这使我极难受。可是妈妈并没这么打算。她还打扮着,还爱戴花;奇怪!她不落泪,反倒好笑;为什么呢?我不明白!好几次,我下学来,看她在门口儿立着。又隔了不久,我在路上走,有人"嗨"我了:"嗨!给你妈捎个信儿去!""嗨!你卖不卖呀?小嫩的!"我的脸红得冒出火来,把头低得无可再低。我明白,只是没办法。我不能问妈妈,不能。她对我很好,而且有时候极郑重地说我:"念书!念书!"妈是不识字的,为什么这样催我念书呢?我疑心;又常由疑心而想到妈是为我才做那样的事。妈是没有更好的办法。疑心的时候,我恨不能骂妈妈一顿。再一想,我要抱住她,央告她不要再作那个事。我恨自己不能帮助妈妈。所以我也想到:我在小学毕业后又有什么用呢?我和同学们打听过了,有的告诉我,去年毕业的有好几个作姨太太的。有的告诉我,谁当了暗门子。我不大懂这些事,可是由她们的说法,我猜到这不是好事。她们似乎什么都知道,也爱偷偷地谈论她们明知是不正当的事——这些事叫她们的脸红红的而显出得意。我更疑心妈妈了,是不是等我毕业好去作……这么一想,有时候我不敢回家,我怕见妈妈。妈妈有时候给我点心钱,我不肯花,饿着

我小学毕业那年,新爸忽然走了,他上了哪儿,妈也不知道。妈妈又叫我去当当了。她还爱打扮,爱戴花,并常在门口立着。

李全武　徐勇民　插图

肚子去上体操，常常要晕过去。看着别人吃点心，多么香甜呢！可是我得省着钱，万一妈妈叫我去……我可以跑，假如我手中有钱。我最阔的时候，手中有一毛多钱！在这些时候，即使在白天，我也有时望一望天上，找我的月牙儿呢。我心中的苦处假若可以用个形状比喻起来，必是个月牙儿形的。它无倚无靠的在灰蓝的天上挂着，光儿微弱，不大会儿便被黑暗包住。

十一

叫我最难过的是我慢慢地学会了恨妈妈。可是每当我恨她的时候，我不知不觉地便想起她背着我上坟的光景。想到了这个，我不能恨她了。我又非恨她不可。我的心像——还是像那个月牙儿，只能亮那么一会儿，而黑暗是无限的。妈妈的屋里常有男人来了，她不再躲避着我。他们的眼像狗似地看着我，舌头吐着，垂着涎。我在他们的眼中是更解馋的，我看出来。在很短的期间，我忽然明白了许多事。我知道我得保护自己，我觉出我身上好像有什么可贵的地方，我闻得出我已有一种什么味道，使我自己害羞，多感。我身上有了些力量，可以保护自己，也可以毁了自己。我有时很硬气，有时候很软。我不知怎样好。我愿爱妈妈，这时候我有好些必要问妈妈的事，需要妈妈的安慰；可是正在这个时候，我得躲着她，我得恨她；要不然我自己便不存在了。当我睡不着的时节，我很冷静地思索，妈妈是可原谅的。她得顾我们俩的嘴。可是这个又使我要拒绝再吃她给我的饭菜。

妈房里常有男人来了。那些男人的眼常像狗似的看着我。在很短的时间里,我忽然明白了许多……我恨妈妈。可又觉得妈妈是可原谅的。她得顾我们俩的嘴。

李全武　徐勇民　插图

我的心就这么忽冷忽热,像冬天的风,休息一会儿,刮得更要猛;我静候着我的怒气冲来,没法儿止住。

十二

事情不容我想好方法就变得更坏了。妈妈问我,"怎样?"假若我真爱她呢,妈妈说,我应该帮助她。不然呢,她不能再管我了。这不像妈妈能说得出的话,但是她确是这么说了。她说得很清楚:"我已经快老了,再过二年,想白叫人要也没人要了!"这是对的,妈妈近来擦许多的粉,脸上还露出摺子来。她要再走一步,去专伺候一个男人。她的精神来不及伺候许多男人了。为她自己想,这时候能有人要她——是个馒头铺掌柜的愿要她——她该马上就走。可是我已经是个大姑娘了,不像小时候那样容易跟在妈妈轿后走过去了。我得打主意安置自己。假若我愿意"帮助"妈妈呢,她可以不再走这一步,而由我代替她挣钱。代她挣钱,我真愿意;可是那个挣钱方法叫我哆嗦。我知道什么呢,叫我像个半老的妇人那样去挣钱?!妈妈的心是狠的,可是钱更狠。妈妈不逼着我走哪条路,她叫我自己挑选——帮助她,或是我们娘儿俩各走各的。妈妈的眼没有泪,早就干了。我怎么办呢?

有一次妈对我说:"我快老了,再过二年,白叫人要也没人要了!"她该马上就走,去专伺候一个男人。可我是个大姑娘了,不能再跟在妈轿后走过去了。我得打主意安置自己。

李全武　徐勇民　插图

十 三

我对校长说了。校长是个四十多岁的妇人,胖胖的,不很精明,可是心热。我是真没了主意,要不然我怎会开口述说妈妈的……我并没和校长亲近过。当我对她说的时候,每个字都像烧红了的煤球烫着我的喉,我哑了,半天才能吐出一个字。校长愿意帮助我。她不能给我钱,只能供给我两顿饭和住处——就住在学校和个老女仆作伴儿。她叫我帮助文书写写字,可是不必马上就这么办,因为我的字还需要练习。两顿饭,一个住处,解决了天大的问题。我可以不连累妈妈了。妈妈这回连轿也没坐,只坐了辆洋车,摸着黑走了。我的铺盖,她给了我。临走的时候,妈妈挣扎着不哭,可是心底下的泪到底翻上来了。她知道我不能再找她去,她的亲女儿。我呢,我连哭都忘了怎么哭了,我只咧着嘴抽达,泪蒙住了我的脸。我是她的女儿、朋友、安慰。但是我帮助不了她,除非我得作那种我决不肯作的事。在事后一想,我们娘儿俩就像两个没人管的狗,为我们的嘴,我们得受着一切的苦处,好像我们身上没有别的,只有一张嘴。为这张嘴,我们得把其余一切的东西都卖了。我不恨妈妈了,我明白了。不是妈妈的毛病,也不是不该长那张嘴,是粮食的毛病,凭什么没有我们的吃食呢?这个别离,把过去一切的苦楚都压过去了。那最明白我的眼泪怎流的月牙这回会没出来,这回只有黑暗,连点萤火的光也没有。妈妈就在暗中像个活鬼似的走了,连个影子也没有。即使她马上死了,恐

　　妈就在暗中像个活鬼似的走了,连个影子也没有。我的世界只剩下我自己。我找到了老校长,她答应我帮她抄抄写写,有时还帮学生织点东西,方可糊口。可新校长上任后,我又得另打主意。

　　　　　　　　　李全武　徐勇民　插图

怕也不会和爸埋在一处了,我连她将来的坟在哪里都不会知道。我只有这么个妈妈,朋友。我的世界里剩下我自己。

十 四

妈妈永不能相见了,爱死在我心里,像被霜打了的春花。我用心地练字,为是能帮助校长抄抄写写些不要紧的东西。我必须有用,我是吃着别人的饭。我不像那些女同学,她们一天到晚注意别人,别人吃了什么,穿了什么,说了什么;我老注意我自己,我的影子是我的朋友。"我"老在我的心上,因为没人爱我。我爱我自己,可怜我自己,鼓励我自己,责备我自己;我知道我自己,仿佛我是另一个人似的。我身上有一点变化都使我害怕,使我欢喜,使我莫名其妙。我在我自己手中拿着,像捧着一朵娇嫩的花。我只能顾目前,没有将来,也不敢深想。嚼着人家的饭,我知道那是晌午或晚上了,要不然我简直想不起时间来;没有希望,就没有时间。我好像钉在个没有日月的地方。想起妈妈,我晓得我曾经活了十几年。对将来,我不像同学们那样盼望放假,过节,过年;假期,节,年,跟我有什么关系呢?可是我的身体是往大了长呢,我觉得出。觉出我又长大了一些,我更渺茫,我不放心我自己。我越往大了长,我越觉得自己好看,这是一点安慰;美使我抬高了自己的身份。可是我根本没身份,安慰是先甜后苦的,苦到末了又使我自傲。穷,可是好看呢!这又使我怕:妈妈也是不难看的。

十　五

我又老没看月牙了，不敢去看，虽然想看。我已毕了业，还在学校里住着。晚上，学校里只有两个老仆人，一男一女。他们不知怎样对待我好，我既不是学生，也不是先生，又不是仆人，可有点像仆人。晚上，我一个人在院中走，常被月牙给赶进屋来，我没有胆子去看它。可是在屋里，我会想象它是什么样，特别是在有点小风的时候。微风仿佛会给那点微光吹到我的心上来，使我想起过去，更加重了眼前的悲哀。我的心就好像在月光下的蝙蝠，虽然是在光的下面，可是自己是黑的；黑的东西，即使会飞，也还是黑的，我没有希望。我可是不哭，我只常皱着眉。

十　六

我有了点进款：给学生织些东西，她们给我点工钱。校长允许我这么办。可是进不了许多，因为她们也会织。不过她们自己急于要用，而赶不来，或是给家中人打双手套或袜子，才来照顾我。虽然是这样，我的心似乎活了一点，我甚至想到：假若妈妈不走那一步，我是可以养活她的。一数我那点钱，我就知道这是梦想，可是这么想使我舒服一点。我很想看看妈妈。假若她看见我，她必能跟我来，我们能有方法活着，我想——可是不十分相信。我想妈妈，她常到我的梦中来。有一天，我跟着学生们去到城外旅行，回来的时候已经是下午四点多了。为是快点回来，我们抄了个小道。我看见了妈妈！在个小胡同里有一家卖馒头的，门口放着个元宝筐，筐上插着个顶大的白木头馒头。顺着墙坐着妈妈，身儿一仰一弯地拉风箱呢。从老远我就看见了那个大木馒头与妈妈，我认识她的后影。我要过去抱住她。可是我不敢，我怕学生们笑话我，她们不许我有这样的妈妈。越走越近了，我的头低下去，从泪中看了她一眼，她没看见我。我们一群人擦着她的身子走过去，她好像是什么也没看见，专心地拉她的风箱。走出老远，我回头看了看，她还在那儿拉呢。我看不清她的脸，只看到她的头发在额上披散着点。我记住这个小胡同的名儿。

十七

像有个小虫在心中咬我似的，我想去看妈妈，非看见她我心中不能安静。正在这个时候，学校换了校长。胖校长告诉我得打主意，她在这儿一天便有我一天的饭食与住处，可是她不能保险新校长也这么办。我数了数我的钱，一共是两块七毛零几个铜子。这几个钱不会叫我在最近的几天中挨饿，可是我上哪儿叫？我不敢坐在那儿呆呆地发愁，我得想主意。找妈妈去是第一个念头。可是她能收留我吗？假若她不能收留我，而我找了她去，即使不能引起她与那个卖馒头的吵闹，她也必定很难过。我得为她想，她是我的妈妈，又不是我的妈妈，我们母女之间隔着一层用穷作成的障碍。想来想去，我不肯找她去了。我应当自己担着自己的苦处。可是怎么担着自己的苦处呢？我想不起。我觉得世界很小，没有安置我与我的小铺盖卷的地方。我还不如一条狗，狗有个地方便可以躺下睡；街上不准我躺着。是的，我是人，人可以不如狗。假若我扯着脸不走，焉知新校长不往外撵我呢？我不能等着人家往外推。这是个春天。我只看见花儿开了，叶儿绿了，而觉不到一点暖气。红的花只是红的花，绿的叶只是绿的叶，我看见些不同的颜色，只是一点颜色；这些颜色没有任何意义，春在我的心中是个凉的死的东西。我不肯哭，可是泪自己往下流。

十 八

我出去找事了。不找妈妈，不依赖任何人，我要自己挣饭吃。走了整整两天，抱着希望出去，带着尘土与眼泪回来。没有事情给我作。我这才真明白了妈妈，真原谅了妈妈。妈妈还洗过臭袜子，我连这个都作不上。妈妈所走的路是唯一的。学校里教给我的本事与道德都是笑话，都是吃饱了没事时的玩艺。同学们不准我有那样的妈妈，她们笑话暗门子；是的，她们得这样看，她们有饭吃。我差不多要决定了：只要有人给我饭吃，什么我也肯干；妈妈是可佩服的。我才不去死，虽然想到过；不，我要活着。我年轻，我好看，我要活着。羞耻不是我造出来的。

十　九

这么一想,我好像已经找到了事似的。我敢在院中走了,一个春天的月牙在天上挂着。我看出它的美来。天是暗蓝的,没有一点云。那个月牙清亮而温柔,把一些软光儿轻轻送到柳枝上。院中有点小风,带着南边的花香,把柳条的影子吹到墙角有光的地方来,又吹到无光的地方去;光不强,影儿不重,风微微地吹,都是温柔,什么都有点睡意,可又要轻软地活动着。月牙下边,柳梢上面,有一对星儿好像微笑的仙女的眼,逗着那歪歪的月牙和那轻摆的柳枝。墙那边有棵什么树,开满了白花,月的微光把这团雪照成一半儿白亮,一半儿略带点灰影,显出难以想到的纯净。这个月牙是希望的开始,我心里说。

二　十

我又找了胖校长去,她没在家。一个青年把我让进去。他很体面,也很和气。我平素很怕男人,但是这个青年不叫我怕他。他叫我说什么,我便不好意思不说;他那么一笑,我心里就软了。我把找校长的意思对他说了,他很热心,答应帮助我。当天晚上,他给我送了两块钱来,我不肯收,他说这是他婶母——胖校长——给我的。他并且说他的婶母已经给我找好了地方住,第二天就可以搬过去。我要怀疑,可

　　我实在找不到事,我又去找老校长。她不在家,校长的侄子把我让了进去,他很热心并答应帮助我。

李全武　徐勇民　插图

是不敢。他的笑脸好像笑到我的心里去。我觉得我要疑心便对不起人,他是那么温和可爱。

二十一

他的笑唇在我的脸上,从他的头发上我看着那也在微笑的月牙。春风像醉了,吹破了春云,露出月牙与一两对儿春星。河岸上的柳枝轻摆,春蛙唱着恋歌,嫩蒲的香味散在春晚的暖气里。我听着水流,像给嫩蒲一些生力,我想象着蒲梗轻快地往高里长。小蒲公英在潮暖的地上生长。什么都在溶化着春的力量,然后放出一些香味来。我忘了自己,我没了自己,像化在了那点春风与月的微光中。月儿忽然被云掩住,我想起来自己。我失去那个月牙儿,也失去了自己,我和妈妈一样了!

二十二

我后悔,我自慰,我要哭,我喜欢,我不知道怎样好。我要跑开,永不再见他;我又想他,我寂寞。两间小屋,只有我一个人,他每天晚上来。他永远俊美,老那么温和。他供给我吃喝,还给我作了几件新衣。穿上新衣,我自己看出我的美。可是我也恨这些衣服,又舍不得脱去。我不敢思想,也懒得思想,我迷迷糊糊的,腮上老有那么两块红。我懒得打扮,又不能不打扮,太闲在了,总得找点事作。打扮

他待我很好。他的笑唇在我的脸上,渐渐地使我忘了自己,也失去了自己。

李全武　徐勇民　插图

的时候,我怜爱自己;打扮完了,我恨自己。我的泪很容易下来,可是我设法不哭,眼终日老那么湿润润的,可爱。我有时候疯了似的吻他,然后把他推开,甚至于破口骂他;他老笑。

二十三

我早知道,我没希望;一点云便能把月牙遮住,我的将来是黑暗。果然,没有多久,春便变成了夏,我的春梦作到了头儿。有一天,也就是刚晌午吧,来了一个少妇。她很美,可是美得不玲珑,像个磁人儿似的。她进到屋中就哭了。不用问,我已明白了。看她那个样儿,她不想跟我吵闹,我更没预备着跟她冲突。她是个老实人。她哭,可是拉住我的手:"他骗了咱们俩!"她说。我以为她也只是个"爱人"。不,她是他的妻。她不跟我闹,只口口声声的说:"你放了他吧!"我不知怎么才好,我可怜这个少妇。我答应了她。她笑了。看她这个样儿,我以为她是缺个心眼,她似乎什么也不懂,只知道要她的丈夫。

二十四

我在街上走了半天。很容易答应那个少妇呀,可是我怎么办呢?他给我的那些东西,我不愿意要;既然要离开他,便一刀两断。可是,放下那点东西,我还有什么呢?我上哪

我很快就离开了他,原来他早有了妻。我又得为吃而奔走。可总是抱着希望出去,带着尘土与眼泪回来。没有事情给我做。

李全武 徐勇民 插图

儿呢？我怎么能当天就有饭吃呢？好吧，我得要那些东西，无法。我偷偷的搬了走。我不后悔，只觉得空虚，像一片云那样的无倚无靠。搬到一间小屋里，我睡了一天。

二十五

我知道怎样俭省，自幼就晓得钱是好的。凑合着手里还有那点钱，我想马上去找个事。这样，我虽然不希望什么，或者也不会有危险了。事情可是并不因我长了一两岁而容易找到。我很坚决，这并无济于事，只觉得应当如此罢了。妇女挣钱怎这么不容易呢！妈妈是对的，妇人只有一条路走，就是妈妈所走的路。我不肯马上就往那么走，可是知道它在不很远的地方等着我呢。我越挣扎，心中越害怕。我的希望是初月的光，一会儿就要消失。一两个星期过去了，希望越来越小。最后，我去和一排年轻的姑娘们在小饭馆受选阅。很小的一个饭馆，很大的一个老板；我们这群都不难看，都是高小毕业的少女们，等皇赏似的，等着那个破塔似的老板挑选。他选了我。我不感谢他，可是当时确有点痛快。那群女孩子们似乎很羡慕我，有的竟自含着泪走去，有的骂声"妈的!"女人够多么不值钱呢！

二十六

我成了小饭馆的第二号女招待。摆菜、端菜、算账、报

　　我这才明白了妈妈,真原谅了妈妈,妈妈还洗过臭袜子,我连这个都做不上。我要不肯活活饿死,只有走妈妈的路。我的确不难看。我作了一身新行头,上市了。

　　　　　　　　　　李全武　徐勇民　插图

菜名,我都不在行。我有点害怕。可是"第一号"告诉我不用着急,她也都不会。她说,小顺管一切的事;我们当招待的只要给客人倒茶,递手巾把,和拿账条;别的不用管。奇怪!"第一号"的袖口卷起来很高,袖口的白里子上连一个污点也没有。腕上放着一块白丝手绢,绣着"妹妹我爱你"。她一天到晚往脸上拍粉,嘴唇抹得血瓢似的。给客人点烟的时候,她的膝往人家腿上倚;还给客人斟酒,有时候她自己也喝了一口。对于客人,有的她伺候得非常的周到;有的她连理也不理,她会把眼皮一搭拉,假装没看见。她不招待的,我只好去。我怕男人。我那点经验叫我明白了些,什么爱不爱的,反正男人可怕。特别是在饭馆吃饭的男人们,他们假装义气,打架似的让座让账;他们拚命的猜拳,喝酒;他们野兽似的吞吃,他们不必要而故意的挑剔毛病,骂人。我低头递茶递手巾,我的脸发烧。客人们故意的和我说东说西,招我笑;我没心思说笑。晚上九点多钟完了事,我非常的疲乏了。到了我的小屋,连衣裳没脱,我一直地睡到天亮。醒来,我心中高兴了一些,我现在是自食其力,用我的劳力自己挣饭吃。我很早的就去上工。

二十七

"第一号"九点多才来,我已经去了两点多钟。她看不起我,可也并非完全恶意地教训我:"不用那么早来,谁八点来吃饭?告诉你,丧气鬼,把脸别搭拉得那么长;你是女跑堂的,没让你在这儿送殡玩。低着头,没人多给酒钱;你干什么来了？不为挣子儿吗？你的领子太矮，咱这行全得弄高领子，绸子手绢，人家认这个！"我知道她是好意，我也知道设若我不肯笑，她也得吃亏，少分酒钱；小账是大家平分的。我也并非看不起她，从一方面看，我实在佩服她，她是为挣钱。妇女挣钱就得这么着，没第二条路。但是，我不肯学她。我仿佛看得很清楚：有朝一日，我得比她还开通，才能挣上饭吃。可是那得到了山穷水尽的时候；"万不得已"老在那儿等我们女人，我只能叫它多等几天。这叫我咬牙切齿，叫我心中冒火，可是妇女的命运不在自己手里。又干了三天，那个大掌柜的下了警告：再试我两天，我要是愿意往长了干呢，得照"第一号"那么办。"第一号"一半嘲弄，一半劝告的说："已经有人打听你，干吗藏着乖的卖傻的呢？咱们谁不知道谁是怎着？女招待嫁银行经理的，有的是；你当是咱们低贱呢？闯开脸儿干呀，咱们也他妈的坐几天汽车！"这个，逼上我的气来，我问她："你什么时候坐汽车？"她把红嘴唇撇得要掉下去："不用你耍嘴皮子，干什么说什么；天生下来的香屁股，还不会干这个呢！"我干不了，拿了一块另五分钱，我回了家。

二十八

最后的黑影又向我迈了一步。为躲它，就更走近了它。我不后悔丢了那个事，可我也真怕那个黑影。把自己卖给一个人，我会。自从那回事儿，我很明白了些男女之间的关系。女人把自己放松一些，男人闻着味儿就来了。他所要的是肉，他发散了兽力，你便暂时有吃有穿；然后他也许打你骂你，或者停止了你的供给。女人就这么卖了自己，有时候还很得意，我曾经觉到得意。在得意的时候说的净是一些天上的话；过了会儿，你觉得身上的疼痛与丧气。不过，卖给一个男人，还可以说些天上的话；卖给大家，连这些也没法说了，妈妈就没说过这样的话。怕的程度不同，我没法接受"第一号"的劝告；"一个"男人到底使我少怕一点。可是，我并不想卖我自己。我并不需要男人，我还不到二十岁。我当初以为跟男人在一块儿必定有趣，谁知道到了一块儿他就要求那个我所害怕的事。是的，那时候我像把自己交给了春风，任凭人家摆布；过后一想，他是利用我的无知，畅快他自己。他的甜言蜜语使我走入梦里；醒过来，不过是一个梦，一些空虚；我得到的是两顿饭，几件衣服。我不想再这样挣饭吃，饭是实在的，实在地去挣好了。可是，若真挣不上饭吃，女人得承认自己是女人，得卖肉！一个多月，我找不到事作。

二十九

我遇见几个同学，有的升入了中学，有的在家里作姑娘。我不愿理她们，可是一说起话儿来，我觉得我比她们精明。原先，在学校的时候，我比她们傻；现在，"她们"显着呆傻了。她们似乎还都作梦呢。她们都打扮得很好，像铺子里的货物。她们的眼瞄着年轻的男人，心里好像作着爱情的诗。我笑她们。是的，我必定得原谅她们，她们有饭吃，吃饱了当然只好想爱情，男女彼此织成了网，互相捕捉；有钱的，网大一些，捉住几个，然后从容地选择一个。我没有钱，我连个结网的屋角都找不到。我得直接地捉人，或是被捉，我比她们明白一些，实际一些。

三十

有一天，我碰见那个小媳妇，像磁人似的那个。她拉住了我，倒好像我是她的亲人似的。她有点颠三倒四的样儿。"你是好人！你是好人！我后悔了，"她很诚恳地说，"我后悔了！我叫你放了他。哼，还不如在你手里呢！他又弄了别人，更好了，一去不回头了！"由探问中，我知道她和他也是由恋爱而结的婚，她似乎还很爱他。他又跑了。我可怜这个小妇人，她也是还作着梦，还相信恋爱神圣。我问她现在的情形，她说她得找到他，她得从一而终。要是找不到他呢？我问。她咬上了嘴唇，她有公婆，娘家还有父母，她没有自由，她甚至于羡慕我，我没有人管着。还有人羡慕我，我真要笑了！我有自由，笑话！她有饭吃，我有自由；她没自由，我没饭吃，我俩都是女人。

三十一

自从遇上那个小磁人，我不想把自己专卖给一个男人了，我决定玩玩了；换句话说，我要"浪漫"地挣饭吃了。

我不再为谁负着什么道德责任，我饿。浪漫足以治饿，正如同吃饱了才浪漫，这是个圆圈，从哪儿走都可以。那些女同学与小磁人都跟我差不多，她们比我多着一点梦想，我比她们更直爽，肚子饿是最大的真理。是的，我开始卖了。把我所有的一点东西都折卖了，作了一身新行头，我的确不难看。我上了市。

三十二

我想我要玩玩，浪漫。啊，我错了。我还是不大明白世故。男人并不像我想的那么容易勾引。我要勾引文明一些的人，要至多只赔上一两个吻。哈哈，人家不上那个当，人家要初次见面便得到便宜。还有呢，人家只请我看电影，或逛逛大街，吃杯冰激凌；我还是饿着肚子回家。所谓文明人，懂得问我在哪儿毕业，家里作什么事。那个态度使我看明白，他若是要你，你得给他相当的好处；你若是没有好处可贡献呢，人家只用一角钱的冰激凌换你一个吻。要卖，得痛痛快快地。我明白了这个。小磁人们不明白这个。我和妈妈明白，我很想妈了。

三十三

据说有些女人是可以浪漫地挣饭吃，我缺乏资本；也就不必再这样想了。我有了买卖。可是我的房东不许我再住下去，他是讲体面的人。我连瞧他也没瞧，就搬了家，又搬回我妈妈和新爸爸曾经住过的那两间房。这里的人不讲体面，可也更真诚可爱。搬了家以后，我的买卖很不错。连文明人也来了。文明人知道了我是卖，他们是买，就肯来了；这样，他们不吃亏，也不丢身份。初干的时候，我很害怕，因为我还不到二十岁。及至作过了几天，我也就不怕了。多咱他们像了一摊泥，他们才觉得上了算，他们满意，还替我作义务的宣传。干过了几个月，我明白的事情更多了，差不多每一见面，我就能断定他是怎样的人。有的很有钱，这样的人一开口总是问我的身价，表示他买得起我。他也很嫉妒，总想包了我；逛暗娼他也想独占，因为他有钱。对这样的人，我不大招待。他闹脾气，我不怕，我告诉他，我可以找上他的门去，报告给他的太太。在小学里念了几年书，到底是没白念，他唬不住我。"教育"是有用的，我相信了。有的人呢，来的时候，手里就攥着一块钱，唯恐上了当。对这种人，我跟他细讲条件，他就乖乖地回家去拿钱，很有意思。最可恨的是那些油子，不但不肯花钱，反倒要占点便宜走，什么半盒烟卷呀，什么一小瓶雪花膏呀，他们随手拿去。这种人还是得罪不的，他们在地面上很熟，得罪了他们，他们会叫巡警跟我捣乱。我不得罪他们，我喂着他们；及至我认识了警官，才一个个的收拾他们。世界就是狼吞虎咽的世界，谁坏谁就占便宜。顶可怜的是那像学生样儿的，袋里装着一块钱，和几十铜子，叮当地直响，鼻子上出着汗。我可怜他们，可是也照常卖给他们。我有什么办法呢！还有老头子呢，都是些规矩人，或者家中已然儿孙成群。对他们，我不知道怎样好；但是我知道他们有钱，想在死前买些快乐，我只好供给他们所需要的。这些经验叫我认识了"钱"与"人"。钱比人更厉害一些，人若是兽，钱就是兽的胆子。

三十四

我发现了我身上有了病。这叫我非常的苦痛，我觉得已经不必活下去了。我休息了，我到街上去走；无目的，乱走。我想去看看妈，她必能给我一些安慰，我想象着自己已是快死的人了。我绕到那个小巷，希望见着妈妈；我想起她在门外拉风箱的样子。馒头铺已经关了门。打听，没人知道搬到哪里去。这使我更坚决了，我非找到妈妈不可。在街上丧胆游魂地走了几天，没有一点用。我疑心她是死了，或是和馒头铺的掌柜的搬到别处去，也许在千里以外。这么一想，我哭起来。我穿好了衣裳。擦上了脂粉，在床上躺着，等死。我相信我会不久就死去的。可是我没死。门外又敲门了，找我的。好吧，我伺候他，我把病尽力地传给他。我不觉得这对不起人，这根本不是我的过错。我又痛快些，我吸烟，我喝酒，我好像已是三四十岁的人了。我的眼圈发青，手心发热，我不再管；有钱才能活着，先吃饱再说别的吧。我吃得并不错，谁肯吃坏的呢！我必须给自己一点好吃食，一些好衣裳，这样才稍微对得起自己一点。

我发现我身上有了病。这叫我非常苦痛,我觉得已经不必活下去了。我希望见着妈妈。

李全武 徐勇民 插图

三十五

一天早晨,大概有十点来钟吧,我正披着件长袍在屋中坐着,我听见院中有点脚步声。我十点来钟起来,有时候到十二点才想穿好衣裳,我近来非常的懒,能披着件衣服呆坐一两个钟头。我想不起什么,也不愿想什么,就那么独自呆坐。那点脚步声,向我的门外来了,很轻很慢。不久,我看见一对眼睛,从门上那块小玻璃向里面看呢。看了一会儿,躲开了;我懒得动,还在那儿坐着。待了一会儿,那对眼睛又来了。我再也坐不住,我轻轻的开了门。"妈!"

三十六

我们母女怎么进了屋,我说不上来。哭了多久,也不大记得。妈妈已老得不像样儿了。她的掌柜的回了老家,没告诉她,偷偷地走了,没给她留下一个钱。她把那点东西变卖了,辞退了房,搬到一个大杂院里去。她已找了我半个多月。最后,她想到上这儿来,并没希望找到我,只是碰碰看,可是竟自找到了我。她不敢认我了,要不是我叫她,她也许就又走了。哭完了,我发狂似的笑起来:她找到了女儿,女儿已是个暗娼!她养着我的时候,她得那样;现在轮到我养着她了,我得那样!女人的职业是世袭的,是专门的!

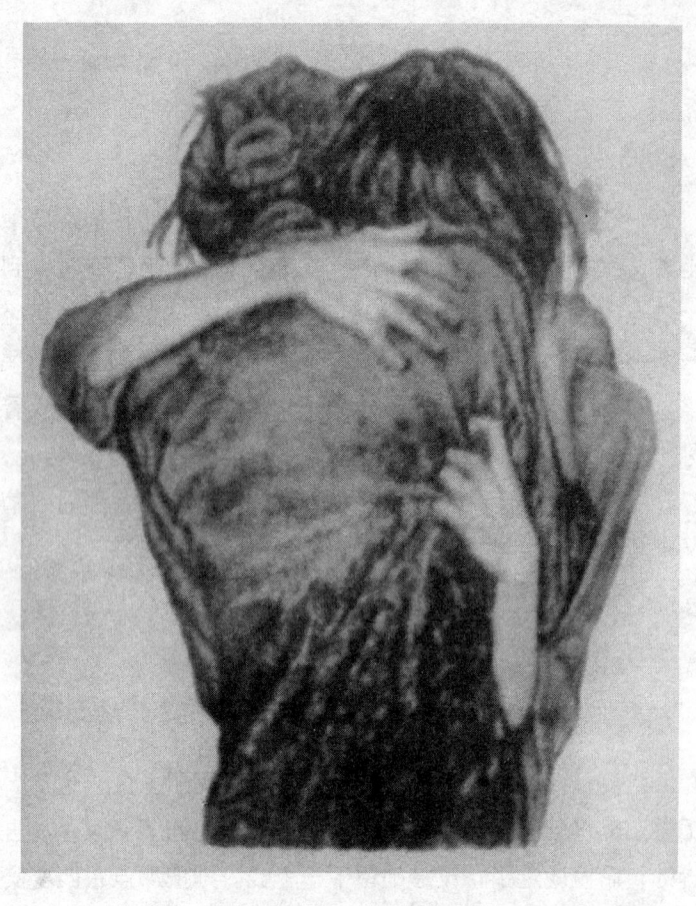

　　一天早上，听见院中有脚步声，我轻轻地开了门——"妈!"我们母女哭了多久，不大记得。妈老得不像样儿了。她的掌柜的偷偷回了老家，没给她留下一个钱。

李全武　徐勇民　插图

三十七

我希望妈妈给我点安慰。我知道安慰不过是点空话,可是我还希望来自妈妈的口中。妈妈都往往会骗人,我们把妈妈的诓骗叫作安慰。我的妈妈连这个都忘了。她是饿怕了,我不怪她。她开始检点我的东西,问我的进项与花费,似乎一点也不以这种生意为奇怪。我告诉她,我有了病,希望她劝我休息几天,没有,她只说出去给我买药。"我们老干这个吗?"我问她。她没言语。可是从另一方面看,她确是想保护我,心疼我。她给我作饭,问我身上怎样,还常常偷看我,像妈妈看睡着了的小孩那样。只是有一层她不肯说,就是叫我不用再干这行了。我心中很明白——虽然有一点不满意她——除了干这个,还想不到第二个事情作。我们母女得吃得穿——这个决定了一切。什么母女不母女,什么体面不体面,钱是无情的。

三十八

妈妈想照应我,可是她得听着看着人家蹂躏我。我想好好对待她,可是我觉得她有时候讨厌。她什么都要管管,特别是对于钱。她的眼已失去年轻时的光泽,不过看见了钱还能发点光。对于客人,她就自居为仆人,可是当客人给少了钱的时候,她张嘴就骂。这有时候使我很为难。不错,既干

妈妈找到了女儿,女儿是个暗娼!她养着我时,她得那样。现在轮到我养着她了,我得那样。

李全武　徐勇民　插图

这个还不是为钱吗？可是干这个的也似乎不必骂人。我有时候也会慢待人，可是我有我的办法，使客人急不得恼不得。妈妈的方法太笨了，很容易得罪人。看在钱的面上，我们不应当得罪人。我的方法或者出于我还年轻，还幼稚；妈妈便不顾一切的单单站在钱上了，她应当如此，她比我大着好些岁。恐怕再过几年我也就这样了，人老心也跟着老，渐渐老得和钱一样的硬。是的，妈妈不客气。她有时候劈手就抢客人的皮夹，有时候留下人家的帽子或值钱一点的手套与手杖。我很怕闹出事来，可是妈妈说的好："能多弄一个是一个，咱们是拿十年当作一年活着的，等七老八十还有人要咱们吗？"有时候，客人喝醉了，她便把他架出去，找个僻静地方叫他坐下，连他的鞋都拿回来。说也奇怪，这种人倒没有来找账的，想是已人事不知，说不定也许病一大场。或者事过之后，想过滋味，也就不便再来闹了，我们不怕丢人，他们怕。

三十九

妈妈是说对了：我们是拿十年当一年活着。干了二三年，我觉出自己是变了。我的皮肤粗糙了，我的嘴唇老是焦的，我的眼睛里老灰渌渌的带着血丝。我起来的很晚，还觉得精神不够。我觉出这个来，客人们更不是瞎子，熟客渐渐少起来。对于生客，我更努力的伺候，可是也更厌恶他们，有时候我管不住自己的脾气。我暴躁，我胡说，我已经不是我自己了。我的嘴不由的老胡说，似乎是惯了。这样，那些

妈妈是我的影子,我至好不过将来变成她那样:卖了一辈子的肉,剩下的只是一些白发和抽皱的黑皮,这就是生命!

李全武　徐勇民　插图

文明人已不多照顾我,因为我丢了那点"小鸟依人"——他们唯一的诗句——的身段与气味。我得和野鸡学了。我打扮得简直不像个人,这才招得动那不文明的人。我的嘴擦得像个红血瓢,我用力咬他们,他们觉得痛快。有时候我似乎已看见我的死,接进一块钱,我仿佛死了一点。钱是延长生命的,我的挣法适得其反。我看着自己死,等着自己死。这么一想,便把别的思想全止住了。不必想了,一天一天地活下去就是了,我的妈妈是我的影子,我至好不过将来变成她那样,卖了一辈子肉,剩下的只是一些白头发与抽皱的黑皮。这就是生命。

四 十

我勉强地笑,勉强地疯狂,我的痛苦不是落几个泪所能减除的。我这样的生命是没什么可惜的,可是它到底是个生命,我不愿撒手。况且我所作的并不是我自己的过错。死假如可怕,那只因为活着是可爱的。我决不是怕死的痛苦,我的痛苦久已胜过了死。我爱活着,而不应当这样活着。我想象着一种理想的生活,像作着梦似的;这个梦一会儿就过去了,实际的生活使我更觉得难过。这个世界不是个梦,是真的地狱。妈妈看出我的难过来,她劝我嫁人。嫁人,我有了饭吃,她可以弄一笔养老金。我是她的希望。我嫁谁呢?

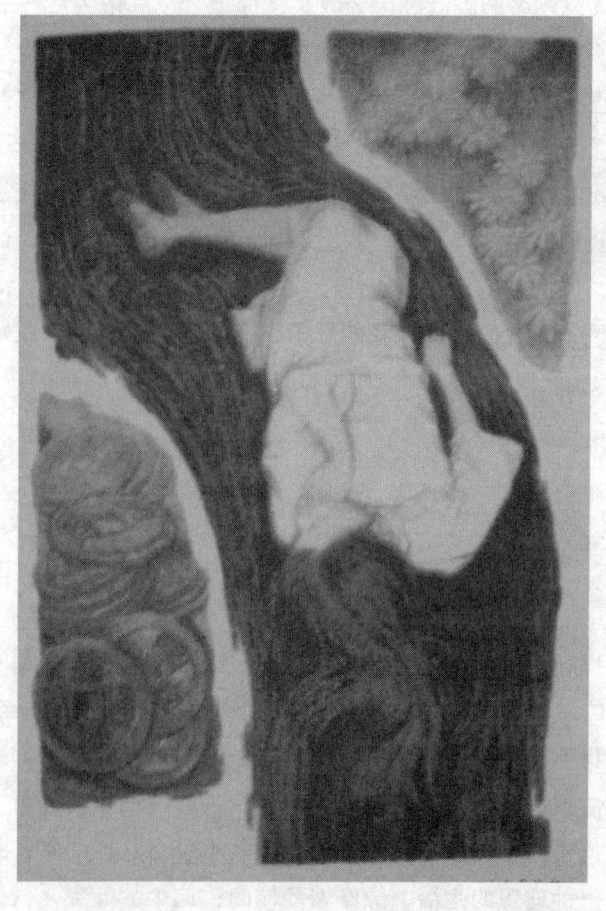

钱是延长生命的,我的挣法适得其反。我等着自己死。这样的生命是没有什么可惜的,可它到底是个生命啊,我不愿撒手。我想像着一种理想的生活,像做梦似的。可世间是个真的地狱。

李全武　徐勇民　插图

四十一

因为接触的男子很多了,我根本已忘了什么是爱。我爱的是我自己,及至我已爱不了自己,我爱别人干什么呢?但是打算出嫁,我得假装说我爱,说我愿意跟他一辈子。我对好几个人都这样说了,还起了誓,没人接受。在钱的管领下,人都很精明。嫖不如偷,对,偷省钱。我要是不要钱,管保人人说爱我。

四十二

正在这个期间,巡警把我抓了去。我们城里的新官儿非常地讲道德,要扫清了暗门子。正式的妓女倒还照旧作生意,因为她们纳捐;纳捐的便是名正言顺的,道德的。抓了去,他们把我放在了感化院,有人教给我作工。洗、做、烹调、编织,我都会;要是这些本事能挣饭吃,我早就不干那个苦事了。我跟他们这样讲,他们不信,他们说我没出息,没道德。他们教给我工作,还告诉我必须爱我的工作。假如我爱工作,将来必定能自食其力,或是嫁个人。他们很乐观。我可没这个信心。他们最好的成绩,是已经有十几多个女的,经过他们感化而嫁了人。到这儿来领女人的,只须花两块钱的手续费和找一个妥实的铺保就够了。这是个便宜。从男人方面看;据我想,这是个笑话。我干脆就不受这个感化。

正在这个期间,巡警把我抓了去。官儿们非常地讲道德,要清扫暗娼。正式的妓女倒还照旧做生意,因为她们纳捐……

李全武　徐勇民　插图

狱里是个好地方,在我的经验中,世界比这里强不了许多。在这里,在这里,我又看见了我的好朋友,月牙儿!多久没见着它了!妈妈在干什么呢?我想起来一切。

李全武　徐勇民　插图

当一个大官儿来检阅我们的时候,我唾了他一脸唾沫。他们还不肯放了我,我是带危险性的东西。可是他们也不肯再感化我。我换了地方,到了狱中。

四十三

狱里是个好地方,它使人坚信人类的没有起色;在我作梦的时候都见不到这样丑恶的玩艺。自从我一进来,我就不再想出去,在我的经验中,世界比这儿并强不了许多。我不愿死,假若从这儿出去而能有个较好的地方;事实上既不这样,死在哪儿不一样呢。在这里,在这里,我又看见了我的好朋友,月牙儿!多久没见着它了!妈妈干什么呢?我想起来一切。

新时代的旧悲剧

一

"老爷子!"陈廉伯跪在织锦的垫子上,声音有点颤,想抬起头来看看父亲,可是不能办到;低着头,手扶在垫角上,半闭着眼,说下去:"儿子又孝敬您一个小买卖!"说完这句话,他心中平静一些,可是再也想不出别的话来,一种渺茫的平静,像秋夜听着点远远的风声那样无可如何的把兴奋、平静、感慨与情绪的激动,全融化在一处,不知怎样才好。他的两臂似乎有点发麻,不能再呆呆的跪在那里;他只好磕下头去。磕了三个,也许是四个头,他心中舒服了好多,好像又找回来全身的力量,他敢抬头看看父亲了。

在他的眼里,父亲是位神仙,与他有直接关系的一位神仙;在他拜孔圣人、关夫子,和其他的神明的时节,他感到一种严肃与敬畏,或是一种敷衍了事的情态。唯有给父亲磕头的时节他才觉到敬畏与热情联合到一处,绝对不能敷衍了事。他似乎觉出父亲的血是在他身上,使他单纯得像初生下来的小娃娃,同时他又感到自己的能力,能报答父亲的恩惠,能使父亲给他的血肉更光荣一些,为陈家的将来开出条更光洁香热的血路;他是承上起下的关节,他对得起祖先,而必定得到后辈的钦感!

他看了父亲一眼，心中更充实了些，右手一拄，轻快的立起来，全身都似乎特别的增加了些力量。陈老先生——陈宏道——仍然端坐在红木椅上，微笑着看了儿子一眼，没有说什么；父子的眼睛遇到一处已经把心中的一切都倾洒出来，本来不须再说什么。陈老先生仍然端坐在那里，一部分是为回味着儿子的孝心，一部分是为等着别人进来贺喜——每逢廉伯孝敬给老先生一所房，一块地，或是——像这次——一个买卖，总是先由廉伯在堂屋里给父亲叩头，而后全家的人依次的进来道喜。

陈老先生的脸是红而开展，长眉长须还都很黑，头发可是有些白的了。大眼睛，因为上了年纪，眼皮下松松的搭拉着半圆的肉口袋；口袋上有些灰红的横纹，颇有神威。鼻子不高，可是宽，鼻孔向外撑着，身量高。手脚都很大；手扶着膝在那儿端坐，背还很直，好似座小山儿：庄严、硬朗、高傲。

廉伯立在父亲旁边，嘴微张着些，呆呆的看着父亲那个可畏可爱的旁影。他自己只有老先生的身量，而没有那点气度。他是细长，有点水蛇腰，每逢走快了的时候自己都有些发毛咕。他的模样也像老先生，可是脸色不那么红；虽然将近四十岁，脸上还没有多少须子茬；对父亲的长须，他只有羡慕而已。立在父亲旁边，他又渺茫的感到常常袭击他的那点恐惧。他老怕父亲有个山高水远，而自己压不住他的财产与事业。从气度上与面貌上看，他似乎觉得陈家到了他这一辈，好像兑了水的酒，已经没有那么厚的味道了。在别的方面，他也许比父亲还强，可是他缺乏那点神威与自信。父亲是他的主心骨，像个活神仙似的，能暗中保佑他。有父亲活

袁运生 插图

着，他似乎才敢冒险，敢见钱就抓，敢和人们结仇作对，敢下毒手。每当他遇到困难，迟疑不决的时候，他便回家一会儿。父亲的红脸长须给他胆量与决断；他并不必和父亲商议什么，看看父亲的红脸就够了。现今，他又把刚置买了的产业献给父亲，父亲的福气能压得住一切；即使产业的来路有些不明不白的地方，也被他的孝心与父亲的福分给镇下去。

头一个进来贺喜的是廉伯的大孩子，大成，十一岁的男孩，大脑袋，大嗓门，有点傻，因为小时候吃多了凉药。老先生看见孙子进来，本想立起来去拉他的小手，继而一想大家还没都到全，还不便马上离开红木椅子。

"大成，"老先生声音响亮的叫，"你干什么来了？"

大成摸了下鼻子，往四围看了一眼："妈叫我进来，给爷道，道……"傻小子低下头去看地上的锦垫子。马上弯下身去摸垫子四围的绒绳，似乎把别的都忘了。

陈老先生微微的一笑，看了廉伯一眼，"痴儿多福！"连连的点头。廉伯也陪着一笑。

廉仲——老先生的二儿子——轻轻的走进来。他才有二十多岁，个子很大，脸红而胖，很像陈老先生，可是举止显着迟笨，没有老先生的气派与身份。

没等二儿子张口，老先生把脸上的微笑收起去。叫了声："廉仲！"

廉仲的胖脸上由红而紫，不知怎样才好，眼睛躲着廉伯。

"廉仲！"老先生又叫了声。"君子忧道不忧贫，你倒不用看看你哥哥尽孝，心中不安，不用！积善之家自有余福，你哥哥的顺利，与其说是他有本事，还不如说是咱们陈家过去几代积成的善果。产业来得不易，可是保守更难，此中消息，"老先生慢慢摇着头，"大不易言！箪食瓢饮，那乃是圣道，我不能以此期望你们；腾达显贵，显亲扬名，此乃人道，虽福命自天，不便强求，可是彼丈夫也，我丈夫也，有为者亦若是。我不求你和你哥哥一样的发展，你的才力本来不及他，况且又被你母亲把你惯坏；我只求你循规蹈矩的去做人，帮助父兄去守业，假如你不能自己独创的话。你哥哥今天又孝敬我一点产业，这算不了什么，我并不因此——这点产业——而喜欢；可是我确是喜欢，喜欢的是他的那点孝心。"老先生忽然看了孙子一眼："大成，叫你妹妹去！"

廉仲的胖脸上见了汗，不知怎样好，乘着父亲和大成说话，慢慢的转到老先生背后，去看墙上挂着的一张山水画。大成还没表示是否听明白祖父的话，妈妈已经携着妹妹进来了。女人在陈老先生心中是没有一点价值的，廉伯太太大概早已立在门外，等着传唤。

廉伯太太有三十四五岁，长得还富泰。倒退十年，她一定是个漂亮的小媳妇。现在还不难看，皮肤很细，可是她的白胖把青春埋葬了，只是富泰，而没有美的诱力了。在安稳之中，她有点不安的神气，眼睛偷偷的，不住的，往四下望。胖脸上老带着点笑容；似乎是给谁道歉，又似乎是自慰，正像个将死了婆婆，好脾气，而没有多少本事的中年主妇。她一进屋门，陈老先生就立了起来，好似传见的典礼已经到了末尾。

"爷爷大喜！"廉伯太太不很自然的笑着，眼睛不敢看公公，可又不晓得去看什么好。

"有什么可喜！有什么可喜！"陈老先生并没发怒，脸上

袁运生 插图

可也不带一点笑容,好似个说话的机器在那儿说话,一点也不带感情,公公对儿媳是必须这样说话的,他仿佛是在表示。"好好的相夫教子,那是妇人的责任;就是别因富而骄惰,你母家是不十分富裕的,哎,哎……"老先生似乎不愿把话说到家,免得使儿媳太难堪了。

廉伯太太胖脸上将要红,可是就又挂上了点无聊的笑意,拉了拉小女儿,意思是叫她找祖父去。祖父的眼角撩到了孙女,可是没想招呼她。女儿都是陪钱的货,老先生不愿偏疼孙子,但是不由的不肯多亲爱孙女。

老先生在屋里走了几步,每一步都用极坚实的脚力放在地上,作足了昂举阔步。自己的全身投在穿衣镜里,他微停了一会儿,端详了自己一下。然后转过身来,向大儿子一笑。

"冯唐易老,李广难封!才难,才难;但是知人惜才者尤难!我已六十多了……"老先生对着镜子摇了半天头。"怀才不遇,一无所成……"他捻着须梢儿,对着镜子细端详自己的脸。

老先生没法子不爱自己的脸。他是个文人,而有武相。他有一切文人该有的仁义礼智,与守道卫教的志愿,可是还有点文人所不敢期冀的,他自比岳武穆。他是,他自己这么形容,红脸长髯高吟"大江东去"的文人。他看不起普通的白面书生。只有他,文武兼全,才担得起翼教爱民的责任。他自信学问与体魄都超乎人,他什么都知道,而且知道的最深最好。可惜,他只是个候补知县而永远没有补过实缺。因此,他一方面以为自己的怀才不遇是人间的莫大损失;在另一方面,他真喜欢大儿子——文章经济,自己的文章无疑的是可以传世的,可是经济方面只好让给儿子了。

廉伯现在作侦探长,很能抓弄些个钱。陈老先生不喜欢"侦探长",可是侦探长有升为公安局长的希望,公安局长差不多就是原先的九门提督正堂,那么侦探长也就可以算作……至少是三品的武官吧。自从革命以后,官衔往往是不见经传的,也就只好承认官便是官,虽然有的有失典雅,可也没法子纠正。况且官总是"学优而仕",名衔纵管不同,道理是万世不变的。老先生心中的学问老与作官相联,正如道德永远和利益分不开。儿子既是官,而且能弄钱,又是个孝子,老先生便没法子不满意。只有想到自己的官运不通,他才稍有点忌妒儿子,可是这点牢骚正好是作诗的好材料,那么作一两首律诗或绝句也便正好是哀而不伤。

老先生又在屋中走了两趟,哀意渐次发散净尽。"廉伯,今天晚上谁来吃饭?"

"不过几位熟朋友。"廉伯笑着回答。

"我不喜欢人家来道喜!"老先生的眉皱上一些。"我们的兴旺是父慈子孝的善果;是善果,他们如何能明白……"

"熟朋友,公安局长,还有王处长……"廉伯不愿一一的提名道姓,他知道老人的脾气有时候是古怪一点。

老先生没再说什么。过了一会儿:"别都叫陈寿预备,外边叫几个菜,再由陈寿预备几个,显着既不太难看,又有家常便饭的味道。"老先生的眼睛放了光,显出高兴的样子来,这种待客的计划,在他看,也是"经济"的一部分。

"那么老爷子就想几个菜吧;您也同我们喝一盅?"

"好吧,我告诉陈寿;我当然出来陪一陪;廉仲,你也早些回来!"

二

陈宅西屋的房脊上挂着一钩斜月,阵阵小风把院中的声音与桂花的香味送走好远。大门口摆着三辆汽车,陈宅的三条狼狗都面对汽车的大鼻子趴着,连车带狗全一声不出,都静听着院里的欢笑。院里很热闹:外院南房里三个汽车夫,公安局长的武装警卫,和陈廉伯自用的侦探,正推牌九。里院,晚饭还没吃完。廉伯不是正式的请客,而是随便约了公安局局长,卫生处处长,市政府秘书主任,和他们的太太们来玩一玩;自然,他们都知道廉伯又置买了产业,可是只暗示出道喜的意思,并没送礼,也就不好意思要求正式请客。菜是陈寿作的,由陈老先生外点了几个,最得意的是个桂花翅子——虽然是个老菜,可是多么迎时当令呢。陈寿的手艺不错,客人们都吃得很满意;虽然陈老先生不住的骂他混蛋。老先生的嘴能够非常的雅,也能非常的野,那要看对谁讲话。

老先生喝了不少的酒,眼皮下的肉袋完全紫了;每干一盅,他用大手慢慢的捋两把胡子,检阅军队似的看客人们一眼。

"老先生海量!"大家不住的夸赞。

"哪里的话!"老先生心里十分得意,而设法不露出来,他似乎知道虚假便是涵养的别名。可是他不完全是个瘦弱的文人,他是文武双全,所以又不能不表示一些豪放的气概:"几杯还可以对付,哈哈!请,请!"他又灌下一盅。

大家似乎都有点怕他。他们也许有更阔或更出名的父亲，可是没法不佩服陈老先生的气派与神威。他们看出来，假若他们的地位低卑一些，陈老先生一定不会出来陪他们吃酒。他们懂得，也自己常应用，这种虚假的应酬方法，可是他们仍然不能不佩服老先生把这个运用得有声有色，把儒者、诗人、名士、大将，所该有的套数全和演戏似的表现得生动而大气。

饭撤下去，陈福来放牌桌。陈老先生不打牌，也反对别人打牌。可是廉伯得应酬，他不便干涉。看着牌桌摆好，他闭了一会儿眼，好似把眼珠放到肉袋里去休息。而后，打了个长的哈欠。廉伯赶紧笑着问：

"老爷子要是——"

陈老先生睁开眼，落下一对大眼泪，看着大家，腮上微微有点笑意。

"老先生不打两圈？两圈？"客人们问。

"老矣，无能为矣！"老先生笑着摇头，仿佛有无限的感慨。又坐了一会儿，用大手连抹几把胡子，唧唧的咂了两下嘴，慢慢的立起来："不陪了。陈福，倒茶！"向大家微一躬身，马上挺直，扯开方步，一座牌坊似的走出去。

男女分了组：男的在东间，女的在西间。廉伯和弟弟一手，先让弟弟打。

牌打到八圈上，陈福和刘妈分着往东西屋送点心。廉伯让大家吃，大家都眼看着牌，向前面点头。廉伯再让，大家用手去摸点心，眼睛完全用在牌上。卫生处处长忘了卫生，市政府秘书主任差点把个筹码放在嘴里。廉仲不吃，眼睛钉着面前那个没用而不敢打出去的白板，恨不能用眼力把白板刻成个幺筒或四万。

廉仲无论如何不肯放手那张白板。公安局长手里有这么一对儿宝贝。廉伯让点心的时节，就手儿看了大家的牌，有心给弟弟个暗号，放松那个值钱的东西，因为公安局长已经输了不少。叫弟弟少赢几块，而讨局长个喜欢，不见得不上算。可是，万一局长得了一张牌而幸起去呢？赌就是赌，没有谦让。他没通知弟弟。设若光是一张牌的事，他也许不这么狠。打给局长，讨局长的喜欢，局长，局长，他不肯服这个软儿。在这里，他自信得了点父亲的教训：应酬是手段，一往直前是陈家的精神；他自己将来不止于作公安局长，可是现在他可以，也应当作公安局长。他不能退让，没看起那手中有一对白板的局长，弟弟手里那张牌是不能送礼的。

又摸了两手，局长把白板摸了上来，和了牌。廉仲把牌推散，对哥哥一笑。廉伯的眼把弟弟的笑整个的瞪了回去。

局长自从掏了白板，转了风头，马上有了闲话："处长，给你张卫生牌吃吃！"顶了处长一张九万。可是，八圈完了，大家都立起来。

"接着来！"廉伯请大家坐下："早得很呢！"

卫生处处长想去睡觉，以重卫生，可是也想报复，局长那几张卫生牌顶得他出不来气。什么早睡晚睡，难道卫生处长就不是人，就不许用些感情？他自己说服了自己。

秘书长一劲儿谦虚，纯粹为谦虚而谦虚，不愿挑头儿继续作战，也不便主张散局，而只说自己打得不好。

只等局长的命令。"好吧，再来；廉伯还没打呢！"

大家都迟迟的坐下，心里颇急切。廉仲不敢坐实在了，眼睛瞟着哥哥，心中直跳。一边瞟着哥哥，一边鼓逗骰子，他希望廉伯还让给他——哪怕是再让一圈呢。廉伯决定下场，廉仲像被强迫爬起来的骆驼，极慢极慢的把自己收拾起来。连一句"五家来，作梦，"都没人说一声！他的脸烧起来，别人也没注意。他恨这群人，特别恨他的哥哥。可是他舍不得走开。打不着牌，看看也多少过点瘾。他坐在廉伯旁边。看了两把，他的茄子色慢慢的降下去，只留下两小帖红而圆的膏药在颧骨上，很傻而有点美。

从第九圈上起，大家的语声和牌声比以前加高了一倍。礼貌、文化、身份、教育，都似乎不再与他们相干，或者向来就没和他们发生过关系。越到夜静人稀，他们越粗暴，把细心全放在牌张的调动上。他们用最粗暴的语气索要一个最小的筹码。他们的脸上失去那层温和的笑意，眼中射出些贼光，瞄着别人的手而掩饰自己的心情变化。他们的唇被香烟烧焦，鼻上结着冷汗珠，身上放射着湿潮的臭气。

西间里，太太们的声音并不比东间里的小，而且非常尖锐。可是她们打得慢一点，东间的第九圈开始，她们的八圈还没有完。毛病是在廉伯太太。显然的，局长太太们不大喜欢和她打，她自己也似乎不十分热心的来。可是没有她便成不上局，大家无法，她也无法。她打的慢，算和慢，每打一张她还得那么抱歉的、无聊的、无可奈何的笑一笑，大家只看她的张子，不看她的笑；她发的张子老是很臭：吃上的不感激她，吃不上的责难她。她不敢发脾气，也不大会发脾气，她只觉得很难受，而且心中嘀嘀咕咕，惟恐丈夫过来检查她——她打的不好便是给他丢人。那三家儿都是牌油子。廉伯太太对于她们的牌法如何倒不大关心，她羡慕她们因会打牌而能博得丈夫们的欢心。局长太太是二太太，可是打起牌来就有了身份，而公然的轻看廉伯太太。

八圈完了，廉伯太太缓了一口气，可是不敢明说她不愿继续受罪。刘妈进来伺候茶水，她忽然想起来，胖胖的一笑："刘妈，二爷呢？"

局长太太们知道廉仲厉害，可是不反对他代替嫂子；要玩就玩个痛快，在赌钱的时节她们有点富于男性。廉仲一坐下，仿佛带来一股春风，大家都高兴了许多。大家都长了精神，可也都更难看了，没人再管脸上花到什么程度；最美的局长二太太的脸上也黄一块白一块的，有点像连阴天时的壁纸。屋中潮渌渌的有些臭味。

廉伯太太心中舒服了许多，但还不能马上躲开。她知道她的责任是什么，一种极难堪，极不自然，而且不被人钦佩与感激的责任。她坐在卫生处长太太旁边，手放在膝上，向桌子角儿微笑。她觉到她什么也不是，只是廉伯太太，这四个字把她捆在那里。

廉仲可是非常的得意。"赌"是他的天才所在，提到打牌，推牌九，下棋，抽签子，他都不但精通，而且手里有花活。别的，他无论怎样学也学不会；赌，一看就明白。这个，使他在家里永远得不着好气，可是在外边很有人看得起他，看他是把手儿。他恨陈老先生和廉伯，特别是在陈老先生说"都是你母亲惯坏了你"的时候。他爱母亲．设若母亲现在还活着，他绝不会受他们这么大的欺侮，他老这样想。母亲是死了，他只能跟嫂子亲近，老嫂比母，他对嫂子十分的敬爱。因此，陈老先生更不待见他，陈家的男子都是轻看妇女的，只有廉仲是个例外，没出息。

他每打一张俏皮的牌，必看嫂子一眼，好似小儿耍俏而要求大人夸奖那样。有时候他还请嫂子过来看看他的牌，虽然他明知道嫂子是不很懂得牌经的。这样作，他心中舒服，嫂子的笑容明白的表示出她尊重二爷的技巧与本领，他在嫂子眼中是"二爷"，不是陈家的"吃累"。

三

快天亮了。凉风儿在还看不出一定颜色的云下轻快的吹着，吹散了院中的桂香，带来远处的犬声。风儿虽然清凉，空中可有些潮湿，草叶上挂满还没有放光的珠子。墙根下处处虫声，急促而悲哀。陈家的牌局已完，大家都用喷过香水的热毛巾擦脸上的油腻，跟着又点上香烟，烫那已经麻木了的舌尖，好似为赶一赶内部的酸闷。大家还舍不得离开牌桌。可是嘴中已不再谈玩牌的经过，而信口的谈着闲事，谈得而且很客气，仿佛把礼貌与文化又恢复了许多；廉伯太太的身份在天亮时节突然提高，大家都想起她的小孩，而殷勤的探问。陈福和刘妈都红着眼睛往屋里端鸡汤挂面，大家客气了一番，然后闭着眼往口中吞吸，嘴在运动，头可是发沉，大家停止了说话。第二把热毛巾递上来，大家才把脸上的筋肉活动开，咬着牙往回堵送哈欠。

"局长累了吧？"廉伯用极大的力量甩开心中的迷糊。

"哪！哪累！"局长用热手巾捂着脖梗。

"陈太太，真该歇歇了，我们太不客气了！"卫生处长的手心有点发热，渺茫的计划着应回家吃点什么药。

廉伯太太没说出什么来，笑了笑。

局长立起来，大家开始活动，都预备着说"谢谢"。局长说了；紧跟着一串珠似的"谢谢"。陈福赶紧往外跑，门外的汽车喇叭响成一阵，三条狼狗打着欢儿咬，全街的野狗家狗一致响应。大家仍然很客气，过一道门让一次，话很多而且声音洪亮。主人一定叫陈福去找毛衣，一定说天气很凉；客人们一定说不凉，可是都微微有点发抖。毛衣始终没拿来，汽车的门嘭啷关好，又是一阵喇叭，大家手中的红香烟头儿上下摆动，"谢谢！""慢待！"嘟嘟的响成一片。陈福扯开嗓子喊狗。大门雷似的关好，上了闩。院中扯着几个长而无力的哈欠，一阵桂花香，天上剩了不几个星星。

草叶上的水珠刚刚发白，陈老先生起来了。早睡早起，勤俭兴家，他是遵行古道的。四外很安静，只有他自己的声音传达到远处，他摔门、咳嗽、骂狗、念诗……四外越安静，他越爱听自己的声音，他是警世的晨钟。

陈老先生的诗念得差不多，大成——因为晚饭吃得不甚合适——起来了，起来就嚷肚子饿。老先生最关心孩子，高声喊陈寿，想法儿先治大成的饿。陈寿已经一夜没睡，但是听见老主人喊他，他不敢再多迟延一秒钟。熬了一夜，可是得了"头儿钱"呢；他晓得这句是在老主人的嘴边上等着他，他不必找不自在。他晕头打脑的给小主人预备吃食，而且假装不困，走得很快，也很迷糊。

听着孙子不再叫唤了，老先生才安心继续读诗。天下最好听的莫过于孩子哭笑与读书声，陈家老有这两样，老先生不由的心中高兴。

陈寿喂完小主人，还不敢去睡，在老主人的屋外脚不出声的来回走；他怕一躺下便不容易再睁开眼。听着老主人的诗声落下一个调门来,他把香片茶、点心端进去。出来,就手儿喂了狗,然后轻轻跑到自己屋中,闭上了眼。

陈老先生吃过点心,到院中看花草。他并不爱花,可是每遇到它们,他不能不看,而且在自己家中是早晚必找上它们去看一会儿,因为诗中常常描写花草霜露,他可以不爱花,而不能表示自己不懂得诗。秋天的朝阳把多露的叶子照得带着金珠,他觉得应当作诗,泄一泄心中的牢骚。可是他心中,在事实上,是很舒服、快活,而且一心惦记着那个新买过来的铺子。诗无从作起。牢骚可不能去掉,不管有诗没有。没有牢骚根本算不了个儒生、诗人、名士。是的,他觉得他的六十多岁是虚度,满腹文章,未曾施展过一点。"不才明主弃!"想不起来全句。老杜、香山、东坡……都作过官;饶作过官,还那么牢骚抑郁,况且陈老先生,惭愧、空虚。他想起那个买卖。儿子孝敬给他的产业,实在的,须用心经营的,经之营之……他决定到铺子去看看。他看不起作买卖,可是不能不替儿子照管一下,再说呢,"道"在什么地方也存在着。子贡也是贤人!书须活念,不能当书痴。他开始换衣服。刚换好了鞋,廉伯自用的侦探兼陈家的门房冯有才进来请示:

"老先生,"冯有才——四十多岁,嘴像鲇鱼似的——低声的说:"那个,他们送来,那什么,两个封儿。"

"为什么来告诉我?"老先生的眼睛瞪得很大。

"不是那个,大先生还睡觉哪吗,"鲇鱼嘴试着步儿笑:"我不好,不敢去惊动他,所以——"

陈老先生不好意思去思索,又得出个妥当的主意:"他们天亮才散,我晓得!"缓了口气。"你先收下好啦,回头交给大爷：我不管，我不管！"走过去，把那本诗拿在手中，没看冯有才。

冯有才像从鱼网的孔中漏了出去，脚不擦地的走了。老先生又把那本诗放下，看了一眼："凉风起天末，君子意如何?!""君子——意——如——何——"老先生心中茫然，惭愧，没补上过知县，连个封儿都不敢接；冯有才，混蛋，必定笑我呢！送封儿是自古有之，可是应当什么时候送呢？是不是应当直接的说来送封儿，如邮差那样喊"送信"？说不清，惭愧！文章经济，自己到底缺乏经验，空虚——"意如何！"对着镜子看了看："养拙干戈际，全生麋鹿群！"细看看镜中的老眼有没有泪珠，没有；古人的性情，有不可及者！

老先生换好衣服，正想到铺子去看看，冯有才又进来了："老先生，那什么，我刚才忘记回了：钱会长派人来送口信，请您今天过去谈谈。"

"什么时候？"

"越早越好。"

老先生的大眼睛闭了闭，冯有才退出去。老先生翻眼回味着刚才那一闭眼的神威，开始觉到生命并不空虚，一闭眼也有作用；假如自己是个"重臣"，这一闭眼应当有多么大的价值？可惜只用在冯有才那混蛋的身上；白废！到底生命还是不充实，儒者三月无君……

他决定先去访钱会长。没坐车，为是活动活动腿脚。微风吹斜了长须，触着一些阳光，须梢闪起金花。他端起架子，渐渐的忘记是自己的身体在街上走，而是一个极大极素美的镜框子，被一股什么精神与道气催动着，在街上为众人示范——镜框子当中是个活圣贤。走着走着，他觉得有点不是味儿：知道那两封儿里是支票呢，还是现款呢？交给冯有才那个混蛋收着……不能，也许不能……可是，钱若是不少，谁保得住他不携款潜逃！世道人心！他想回去，可是不好意思，身份、礼教，都不准他回去。然而这绝不是多虑，应当回去！自己越有修养，别人当然越不可靠，不是过虑。回去不呢？没办法！

四

花厅里坐着两位，钱会长和武将军。钱会长从前作过教育次长和盐运使，现在却愿意人家称呼他会长，国学会的会长。武将军是个退职的武人，自从退隐以后，一点也不像个武人，肥头大耳的倒像个富商，近来很喜欢读书。

陈老先生和他们并非旧交，还是自从儿子升了侦探长以后才与他们来往。他对钱子美钱会长有相当的敬意，一来因为会长的身份，二来因为会长对于经学确是有研究，三来因为会长沉默寡言而又善于理财——文章经济。对武将军，陈老先生很大度的当个朋友待，完全因为武将军什么也不知道而好向老先生请教。

三人打过招呼，钱会长一劲儿咕噜着水烟，两只小眼专看着水烟袋，一声不出。武将军倒想说话，而不知说什么好，在文人面前他老有点不自然。陈老先生也不便开口，以保持自己的尊严。

坐了有十分钟，钱会长的脚前一堆一堆的烟灰已经像个义冢的小模型。他放下了烟袋，用右手无名指的长指甲轻轻刮了刮头。小眼睛从心里透出点笑意，像埋在深处的种子顶出个小小的春芽。用左手小指的指甲剔动右手的无名指，小眼睛看着两片指甲的接触，笑了笑：

"陈老先生，武将军要读《春秋》；怎样？我以为先读《尚书》，更根本一些；自然《春秋》也好，也好！"

"一以贯之，《十三经》本是个圆圈，"陈老先生手扶在膝上，看着自己的心，听着自己的声音："从哪里始，于何处止，全无不可！子美翁？"

武将军看着两位老先生，觉得他们的话非常有意思，可是又不甚明白。他搭不上嘴，只好用心的听着，心中告诉自己："这有意思，很深！"

"是的，是的！"会长又拿起水烟袋，揉着点烟丝，暂时不往烟筒上放。想了半天："宏道翁，近来以甲骨文证《尚书》者，有无是处。前天——"

"那——"

会长点头相让。陈老先生觉得差点沉稳，也不好不接下去："那，离经叛道而已。经所以传道，传道！见道有深浅，注释乃有不同，而无伤于经；以经为器，支解割裂，甲骨云乎哉！哈哈哈哈！"

"卓见！"咕噜咕噜。"前天，一个少年来见我，提到此事，我也是这么说，不谋而合。"

武将军等着听个结果，到底他应当读《春秋》还是《书经》，两位老先生全不言语了，好像刚斗过一阵的俩老鸡，休息一会儿，再斗。

陈老先生非常的得意，居然战胜了钱会长。自己的地位、经验，远不及钱子美，可是说到学问，自己并不弱，一点不弱。可见学问与经验也许不必互相关联？或者所谓学问全在嘴上，学问越大心中越空？他不敢决定，得意的劲儿渐次消散，他希望钱会长，哪怕是武将军呢，说些别的。

武将军忽然想起来："会长，娘们是南方的好，还是北方的好？"

陈老先生的耳朵似乎被什么猛的刺了一下。

武将军傻笑，脖子缩到一块，许多层肉摺。

钱会长的嘴在水烟袋上，小眼睛挤咕着，唏唏的笑。"武将军，我们谈道，你谈妇人，善于报复！"

武将军反而扬起脸来："不瞎吵，我真想知道哇。你们比我年纪大，经验多，娘们，谁不爱娘们？"

"这倒成了问题！"会长笑出了声。

陈老先生没言语，看着钱子美。他真不爱听这路话，可是不敢得罪他们；地位的优越，没办法。

"陈老先生？"武将军将错就错，闹哄起来。

"武将军天真，天真！食色性也，不过——"陈老先生假装一笑。

"等着，武将军，等多咱咱们喝几盅的时候，我告诉你；你得先背熟了《春秋》！"会长大笑起来，可依然没有多少声音，像狗喘那样。

陈老先生陪着笑起来。讲什么他也不弱于会长，他心里说，学问、手段……不过，他也的确觉到他是跟会长学了一招儿。文人所以能驾驭武人者在此，手段。

可是他自己知道，他笑得很不自然。他也想到：假若他不在这里，或者钱会长和武将军就会谈起妇女来。他得把话扯到别处去,不要大家愣着,越愣着越会使会长感到不安。

"那个,子美翁,有事商量吗?我还有点别的……"

"可就是。"钱会长想起来:"别人都起不了这么早,所以我只约了你们二位来。水灾的事,马上需要巨款,咱先凑一些发出去,刻不容缓。以后再和大家商议。"

"很好!"武将军把话都听明白,而且非常愿意拿钱办善事。"会长分派吧,该拿多少!"

"昨天晚上遇见吟老,他拿一千。大家量力而为吧。"钱会长慢慢的说。

"那么,算我两千吧。"武将军把腿伸出好远,闭上眼养神,仿佛没了他的事。

陈老先生为了难。当仁不让,不能当场丢人。可是书生,没作过官的书生,哪能和盐运使与将军比呢。不错,他现在有些财产,可是他没觉到富裕,他总以为自己还是个穷读书的;因为感觉到自己穷,才能作出诗来。再说呢,那点财产都是儿子挣来的,不容易;老子随便挥霍——即使是为行善——岂不是慷他人之慨?父慈子孝,这是两方面的。为儿子才拉拢这些人!可是没拉拢出来什么,而先倒出一笔钱去,儿子的,怎对得起儿子?自然,也许出一笔钱,引起会长的敬意。对儿子不无好处;但是希望与拿现钱是两回事。引起他们的敬意,就不能少拿,而且还得快说,会长在那儿等着呢!乐天下之乐,忧天下之忧,常这么说;可谁叫自己连个知县也没补上过呢!陈老先生的难堪甚于顾虑,他恨自己。他将了把胡子,手微有一点颤。

"寒士,不过呢,当仁不让,我也拿吟老那个数儿吧。唯赈无量不及破产!哈哈!"他自己听得出哈哈中有点颤音。

他痛快了些,像把苦药吞下去那样,不感觉舒服,而是减少了迟疑与苦闷。

武将军两千,陈老先生一千,不算很小的一个数儿。可是会长连头也没抬,依然咕噜着他的水烟。陈老先生一方面羡慕会长的气度,一方面想知道到底会长拿多少呢。

"为算算钱数,会长,会长拿多少?"

会长似乎没有听见。待了半天,仍然没抬头:"我昨天就汇出去了,五千;你们诸公的几千,今天晌午可以汇了走;大家还方便吧?若是不方便的话,我先打个电报去报告个数目,一半天再汇款。"

"容我们一半天的工夫也好。"陈老先生用眼睛问武将军,武将军点点头。

大家又没的可说了。

武将军又忽然想起来:"宏老,走,上我那儿吃饭去!会长去不去?"

"我不陪了,还得我几位朋友去,急赈!"会长立起来,"不忙,天还早。"

陈老先生愿意离开这里,可是不十分热心到武宅去吃饭。他可没思索便答应了武将军,他知道自己心中是有点乱,有个地方去也好。他惭愧,为一千块钱而心中发乱;毛病都在他没作过盐运使与军长;他不能不原谅自己。到底心中还是发乱。

坐上将军的汽车,一会儿就到了武宅。

武将军的书房很高很大,好像个风雨操场似的,可是墙上挂满了字画,到处是桌椅,桌上挤满了摆设。字画和摆设都是很贵买来的,而几乎全是假古董。懂眼的人不好意思当着他的面说是假的，可是即使说了，将军也不在乎；遇到阴天下雨没事可作的时候，他不看那些东西，而一件件的算价钱：加到一块统计若干，而后分类，字画值多钱，铜器值若干，玉器……来回一算，他可以很高兴的过一早晨，或一后半天。

陈老先生不便说那些东西"都"是假的，也不便说"都"是真的，他指出几件不地道，而嘱咐将军："以后再买东西，找我来；或是讲明了，付过了钱哪时要退就可以退，"他可惜那些钱。

"正好，我就去请你，买不买的，说会子话儿！"武将军马上想起话来。这所房子值五万；家里现在只剩了四个娘们，原先本是九个来着，裁去了五个，保养身体，修道。他有朝一日再掌兵权也不再多杀人，太缺德……

陈老先生搭不上话，可是这么想：假若自己是宰相，还能不和将军们来往么？自己太褊狭，因为没作过官；一个儒者，书生的全部经验是由作官而来。他把心放开了些，慢慢的觉到武将军也有可爱之处，就拿将军的大方说，会长刚一提赈灾，他就认两千，无论怎说，这是有益于人民的……至少他不能得罪了将军，儿子的前途——文王的大德，武王的功绩，相辅而成，相辅而成！

仆人拿进一封信来。武将军接过来，随手放在福建漆的小桌上。仆人还等着。将军看了信封一眼："怎回事？"

"要将军的片子，要紧的信！"

"找张名片去，请王先生来！"王先生是将军的秘书。

"王先生吃饭去了，大概得待一会儿……"

将军撕开了信封。抽出信纸，顺手儿递给了陈老先生：

"老先生给看一眼,就是不喜欢念信!那谁,抽屉里有名片。"

陈老先生从袋中摸出大眼镜,极有气势的看信:

"武将军仁兄阁下敬启者恭维
起居纳福金体康宁为盼舍侄之事前曾面托是幸今闻钱子美
次长与
将军仁兄交情甚厚次长与秦军长交情亦甚厚如蒙
鼎助与次长书通一声则薄酬六千二位平分可也次长常至
军长家中顺便一说定奏成功无任感激心照不宣祗祝
钧安

如小弟马应龙顿首"

陈老先生的胡子挡不住他的笑了。文人的身份,正如文人的笑的资料,最显然的是来自文字。陈老先生永远忘不了这封信。

"怎回事?"武将军问。

老先生为了难;这样的信能高声朗诵的给将军念一过吗?他们俩并没有多大交情;他想用自己的话翻译给将军,可是六千元等语是没法翻得很典雅的;况且太文雅了,将军是否能听得明白,也是个问题。他用白话儿告诉了将军,深恐将军感到不安;将军听明白了,只说了声:

"就是别拜把子,麻烦!"态度非常的自然。

陈老先生明白了许多的事。

五

廉伯太太正在灯下给傻小子织毛袜子,嘴张着点,时时低声的数数针数。廉伯进来。她看了丈夫一眼,似笑非笑的低下头去照旧作活。廉伯心中觉得不合适,仿佛不大认识她了。结婚时的她忽然极清楚浮现在心中,而面前的她倒似乎渺茫不真了。他无聊的,慢慢的,坐在椅子上。不肯承认已经厌恶了太太,可也无从再爱她。她现在只是一堆肉,一堆讨厌的肉,对她没有可说的,没有可作的。

"孩子们睡了?"他不愿呆呆的坐着。

"刚睡,"她用编物针向西指了指,孩子们是由刘妈带着在西套间睡。说完,她继续的编手中的小袜子。似用着心,又似打着玩,嘴唇轻动,记着针数;有点傻气。

廉伯点上枝香烟,觉到自己正像个烟筒,细长,空空的,只会冒着点烟。吸到半枝上,他受不住了,想出去,他有地方去。可是他没动,已经忙了一天,不愿再出去。他试着找她的美点,刚找到便又不见了。不想再看。说点什么,完全拿她当个"太太"看,谈些家长里短。她一声不出,连咳嗽都是在嗓子里微微一响,恐怕使他听见似的。

"嗨!"他叫了声,低,可是非常的硬,"哑巴!"

"哟!"她将针线按在心口上,"你吓我一跳!"

廉伯的气不由的撞上来,把烟卷用力的摔在地上,蹦起一些火花。"别扭!"

"怎啦?"她慌忙把东西放下,要立起来。

他没言语；可是见她害了怕，心中痛快了些，用脚把地上的烟踩灭。

她呆呆的看着他，像被惊醒的鸡似的，不知怎样才好。

"说点什么，"他半恼半笑的说，"老编那个鸡巴东西！离冬天还远着呢，忙什么！"

她找回点笑容来："说冷可就也快；说吧。"

他本来没的可说，临时也想不出。这要是搁在新婚的时候，本来无须再说什么，有许多的事可以代替说话。现在，他必得说些什么，他与她只是一种关系；别的都死了。只剩下这点关系；假若他不愿断绝这点关系的话，他得天天回来，而且得设法找话对她说！

"二爷呢？"他随便把兄弟抬了起来。

"没回来吧；我不知道。"她觉出还有多说点的必要："没回来吃饭，横是又凑上了。"

"得给他定亲了，省得老不着家。"廉伯痛快了些，躺在床上，手枕在脑后。"你那次说的是谁来着？"

"张家的三姑娘，长得仙女似的！"

"啊，美不美没多大关系。"

她心中有点刺的慌。她娘家没有陈家阔，而自己在作姑娘的时候也很俊。

廉伯没注意她。深感觉到廉仲婚事的困难。弟弟自己没本事，全仗着哥哥，而哥哥的地位还没达到理想的高度。说亲就很难：高不成，低不就。可是即使哥哥的地位再高起许多，还不是弟弟跟着白占便宜？廉伯心中有点不自在：以陈家全体而言，弟弟应当娶个有身份的女子，以弟弟而言，痴人有个傻造化，苦了哥哥！慢慢再说吧！

把弟弟的婚事这么放下，紧跟着想起自己的事。一想起来，立刻觉得屋中有点闭气，他想出去。可是……

"说，把小凤接来好不好？你也好有个伴儿。"

廉伯太太还是笑着，一种代替哭的笑："随便。"

"别随便，你说愿意。"廉伯坐起来。"不都为我，你也好有个帮手；她不坏。"

她没话可说，转来转去还是把心中的难过笑了出来。

"说话呀，"他紧了一板："愿意就完了，省事！"

"那么不等二弟先结婚啦？"

他觉出她的厉害。她不哭不闹，而拿弟弟来支应，厉害！设若她吵闹，好办；父亲一定向着儿子，父亲不能劝告儿子纳妾，可是一定希望再有个孙子，大成有点傻，而太太不易再生养。不等弟弟先结婚了？多么冠冕堂皇！弟弟算什么东西！十几年的夫妇，跟我掏鲐坏！他立起来，找帽子，不能再在这屋里多停一分钟。

"上哪儿？这早晚！"

没有回答。

六

微微的月光下，那个小门像图画上的，门楼上有些树影。轻轻的拍门，他口中有点发干，恨不能一步迈进屋里去。小凤的母亲来开，他希望的是小凤自己。老妈妈问了他一句什么，他只哼了一声，一直奔了北屋去。屋中很小，很干净，还摆着盆桂花。她从东里间出来："你，哟？"

老妈妈没敢跟进来,到厨房去泡茶。他想搂住小凤。可是看了她一眼,心中凉了些,闻到桂花的香味。她没打扮着,脸黄黄的,眼圈有点发红,好似忽然老了好几岁。廉伯坐在椅上,想不起说什么好。

"我去擦把脸,就来!"她微微一笑,又进了东里间。

老妈妈拿进茶来,又闲扯了几句,廉伯没心听。老妈妈的白发在电灯下显着很松很多,蓬散开个白的光圈。他呆呆的看着这团白光,心中空虚。

不大一会儿,小凤回来了。脸上擦了点粉,换了件衣裳,年轻了些,淡绿的长袍,印着些小碎花。廉伯爱这件袍儿,可是刚才的红眼圈与黄脸仍然在心中,他觉得是受了骗。同时,他又舍不得走,她到底还有点吸力。无论如何,他不能马上又折回家去,他不能输给太太。老妈妈又躲出去。

小凤就是没擦粉,也不算难看;擦了粉,也不妖媚。高高的细条身子,长脸,没有多少血,白净。鼻眼都很清秀,牙非常的光白好看。她不健康,不妖艳,但是可爱。她身上有点什么天然带来的韵味,像春雾,像秋水,淡淡的笼罩着全身,没有什么特别的美点,而处处轻巧自然,一举一动都温柔秀气;衣服在她身上像遮月的薄云,明洁飘洒。她不爱笑,但偶尔一笑,露出一些好看的牙,是她最美的时候,可是仅仅那么一会儿,转眼即逝,使人追味,如同看着花草,忽然一个白蝶飞来,又飘然飞过了墙头。

"怎这么晚?"她递给他一枝烟,扔给他一盒洋火。

"忙!"廉伯舒服了许多。看着蓝烟往上升,他定了定神,为什么单单爱这个贫血的女人?奇怪,自从有了这个女人,把寻花问柳的事完全当作应酬,心上只有她一个人,为什么从烟中透过一点浓而不厌的桂香,对,她的味儿长远!

"眼圈又红了,为什么?"

"没什么,"她笑得很小,只在眼角与鼻翅上轻轻一逗,可是表现出许多心事:"有点头疼,吃完饭也没洗脸。"

"又吵了架?一定!"

"不愿意告诉你,弟弟又回来了!"她皱了一下眉。

"他在哪儿呢?"他喝了一大口茶,很关切的样子。

"走了,妈妈和我拿你吓唬他来着。"

"别遇上我,有他个苦子吃!"廉伯说得极大气。

"又把妈妈的钱……"她仿佛后悔了,轻轻叹了口气。

"我还得把他赶跑!"廉伯很坚决,自信有这个把握。

"也别太急了,他——"

"他还能怎样了陈廉伯?"

"不是,我没那么想;他也有好处。"

"他?"

"要不是他,咱俩还到不了一块,不是吗?"

陈廉伯哈哈的笑起来:"没见过这样的红娘!"

"我简直没办法。"她又皱上了眉。"妈妈就有这么一个儿子,恨他,可是到底还疼他,作妈妈的大概都这样。只苦了我,向着妈妈不好,向着弟弟不好!"

"算了吧,说点别的,反正我有法儿治他!"廉伯其实很愿听她这么诉苦,这使他感到他的势力与身份,至少也比在家里跟夫人对愣着强;他想起夫人来:"我说,今儿个我可不回家了。"

"你们也又吵了嘴,为我?"她要笑,没能笑出来。

"为你；可并没吵架。我有我的自由，我爱上这儿来别人管不着我！不过，我不愿意这么着；你是我的人，我得把你接到家中去；这么着别扭！"

"我看还是这么着好。"她低着头说。

"什么？"他看准了她的眼问。

她的眼光极软，可是也对准他的："还是这么着好。"

"怎么？"他的嘴唇并得很紧。

"你还不知道？"她还看着他，似乎没理会到他的要怒的神气。

"我不知道！"他笑了，笑得很冷。"我知道女人们别扭。吃着男人，喝着男人，吃饱喝足了成心气男人。她不愿意你去，你不愿意见她，我晓得。可是你们也要晓得，我的话才算话！"他挺了挺他的水蛇腰。

她没再说什么。

因为没有光明的将来，所以她不愿想那黑暗的过去。她只求混过今天。可是躺在陈廉伯的旁边，她睡不着．过去的图画一片片的来去，她没法赶走它们。它们引逗她的泪，可是只有哭仿佛是件容易作的事。

她并不叫"小凤"，宋凤贞才是她；"小凤"是廉伯送给她的，为是听着像个"外家。"她是师范毕业生，在小学校里教书，养活她的母亲。她不肯出嫁，因为弟弟龙云不肯负起养活老母的责任。妈妈为他们姐弟吃过很大的苦处，龙云既不肯为老人想一想，凤贞仿佛一点不能推脱奉养妈妈的义务；或者是一种权利，假如把"孝"字想到了的话。为这个，她把出嫁的许多机会让过去。

她在小学里很有人缘，她有种引人爱的态度与心路，所以大家也就喜欢她。校长是位四十多岁的老姑娘，已办了十几年的学，非常的糊涂，非常的任性，而且有一头假头发。她有钱，要办学，没人敢拦着她。连她也没挑出凤贞什么毛病来，可是她的弟弟说凤贞不好，所以她也以为凤贞可恶。凤贞怕失业，她到校长那里去说：校长的弟弟常常跟随着她，而且给她写信，她不肯答理他。校长常常辞退教员，多半是因为教员有了爱人。校长自己是老姑娘，不许手下的教员讲恋爱；因为这个，社会上对于校长是十二分尊敬的；大家好像是这样想：假若所有的校长都能这样，国家即使再弱上十倍，也会睡醒一觉就梦似的强起来。凤贞晓得这个，所以觉得跟校长说明一声，校长必会管教她的兄弟。

可是校长很简单的告诉凤贞："不准诬赖好人，也不准再勾引男子，再有这种事，哼……"

凤贞的泪全咽在肚子里。打算辞职，可是得等找到了别的事，不敢冒险。

慢慢的，这件事被大家知道了，都为凤贞不平。校长听到了一些，她心中更冒了火。有一天朝会的时候，她教训了大家一顿，话很不好听，有个暴性子的大学生喊了句："管教管教你弟弟好不好！"校长哈哈的笑起来："不用管教我弟弟，我得先管教教员！"她从袋中摸出个纸条来："看！收了我弟弟五百块钱，反说我兄弟不好。宋凤贞！我待你不错，这就是你待朋友的法儿，是不是？你给我滚！"

凤贞只剩了哆嗦。学生们马上转变过来，有的向她呸呸的啐。她不晓得怎样走回了家。到了家中，她还不敢哭；她知道那五百块钱是被弟弟使了，不能告诉妈妈；她失了业，也不能告诉妈妈。她只说不大舒服,请了两天假;她希望能快快的在别处找个事。

找了几个朋友,托给找事,人家都不大高兴理她。

龙云回来了,很恳切的告诉姐姐:

"姐,我知道你能原谅我。我有我的事业,我需要钱。我的手段也许不好,我的目的没有错儿。只有你能帮助我,正像只有你能养着母亲。为帮助母亲与我,姐,你须舍掉你自己,好像你根本没有生在世间过似的。校长弟弟的五百元,你得替我还上;但是我不希望你跟他去。侦探长在我的背后,你能拿住了侦探长,侦探长就拿不住了我,明白,姐?你得到他,他就会还那五百元的账,他就会给你找到事,他就会替你养活着母亲。得到他,替我遮掩着,假如不能替我探听什么。我得走了,他就在我背后呢!再见,姐,原谅我不能听听你的意见!记住,姐姐,你好像根本没有生在世间过!"

她明白弟弟的话。明白了别人,为别人作点什么,只有舍去自己。

弟弟的话都应验了,除了一句——他就会给你找到事。他没给凤贞找事,他要她陪着睡。凤贞没再出过街门一次,好似根本没有生在世间过。对于弟弟,她只能遮掩,说他不孝、糊涂、无赖;为弟弟探听,她不会作,也不想作,她只求混过今天,不希望什么。

七

陈老先生明白了许多的事。有本领的人使别人多懂些事,没有本事的人跟着别人学,惭愧!自己跟着别人学!但是不能不学,一事不知,君子之耻,活到老学到老!谁叫自己没补上知县呢!作官方能知道一切。自己的祖父作过道台,自己的父亲可是只作到了"坊里德表",连个功名也没得到!父亲在族谱上不算个数,自己也差不多;可是自己的儿子……不,不能全靠着儿子,自己应当老当益壮,假若功名无望,至少得帮助儿子成全了伟大事业。自己不能作官,还不会去结交官员吗?打算帮助儿子非此不可!他看出来,作官的永远有利益,盐运使,将军,退了职还有大宗的人款。官和官声气相通,老相互帮忙。盟兄弟、亲戚、朋友,打成一片;新的官是旧官的枝叶;即使平地云雷,一步登天,还是得找着旧官宦人家求婚结友;一人作官,福及三代。他明白了这个。想到了二儿子。平日,看二儿子是个废物,现在变成了宝贝。廉伯可惜已经结了婚,廉仲大有希望。比如说武将军有个小妹或女儿,给了廉仲?即使廉仲没出息到底,可是武将军又比廉仲高明着多少?他打定了主意,廉仲必须娶个值钱的女子,哪怕丑一点呢,岁数大一点呢,都没关系。廉伯只是个侦探长,那么,丑与老便是折冲时的交换条件:陈家地位低些,可是你们的姑娘不俊秀呢!惭愧,陈家得向人家交换条件,无法,谁叫陈宏道怀才不遇呢!谈笑有鸿儒,往来无白丁,何等气概!老先生心里笑了笑。

他马上托咐了武将军，武将军不客气的问老先生有多少财产。老先生不愿意说，又不能不说，而且还得夸张着点儿说。由君子忧道不忧贫的道理说，他似乎应当这样的回答——方宅十余亩，草屋八九间。即使这是瞒心昧己的话，听着到底有些诗味。可是他现在不是在谈道，而是谈实际问题，实际问题永远不能作写诗的材料。他得多说，免得叫武将军看他不起：

"诗书门第，不过呢，也还有个十几万；先祖作过道台……"想给儿子开脱罪名。

"廉伯大概也抓弄不少？官不在大，缺得合适。"武将军很亲热的说。

"那个，还好，还好！"老先生既不肯像武人那样口直心快，又不愿说倒了行市。

"好吧，老先生，交给我了；等着我的信儿吧！"武将军答应了。

老先生吐了一口气，觉得自己并非缺乏实际的才干，只可惜官运不通；喜完不免又自怜，胡子嘴儿微微的动着，没念出声儿来："耽酒须微禄，狂歌托圣朝……"

"哼！"武将军用力拍了大腿一下："真该揍，怎就忘了呢！宝斋不是有个老妹子！"他看着陈老先生，仿佛老先生一定应该知道宝斋似的。

"哪个宝斋？"老先生没希望事来得这样快，他渺茫的有点害怕了。

"不就是孟宝斋，顶好的人！那年在南口打个大胜仗，升了旅长。后来邱军长倒戈，把他也连累上，撤了差，手中

袁运生 插图

多也没有,有个二十来万,顶好的人。我想想看,他——也就四十一二,老妹子过不去二十五六,'老'妹子。合适,就这么办了,我明天就去找他,顶熟的朋友。还真就是合适!"

陈老先生心中有点慌,事情太顺当了恐怕出毛病!孟宝斋究竟是何等样的人呢?婚姻大事,不是随便闹着玩的。可是,武将军的善意是不好不接受的。怎能刚求了人家又撤回手来呢!但是,跟个旅长作亲——难道儿子不是侦探长?儿孙自有儿孙福,廉仲有命呢,跟再阔一点的人联姻,也无不可;命不济呢,娶个娥皇似的贤女,也没用。父亲只能尽心焉而已,其余的……再说呢,武将军也不一定就马到成功,试试总没什么不可以的。他点了头。

辞别了武将军,他可是又高兴起来,即使是试试,总得算是个胜利;假使武将军看不起陈家的话,他能这样热心给作媒么?这回不成,来日方长,陈家算是已打入了另一个圈儿,老先生的力量。廉仲也不坏,有点傻造化;希望以后能多给他点好脸子看!

把二儿子的事放下,想起那一千块钱来。告诉武将军自己有十来万,未免,未免,不过,一时的手段;君子知权达变。虽然没有十来万,一千块钱还不成问题。可是,会长与将军的捐款并不必自己掏腰包,一个买卖就回来三四千——那封信!为什么自己应当白白拿出一千呢?况且,焉知道他们的捐款本身不是一种买卖呢!作官的真会理财,文章经济。大概廉伯也有些这种本领,一清早来送封儿,不算什么不体面的事;自己不要,不过是便宜了别人;人不应太迂阔了。这一千块钱怎能不叫儿子知道,而且不白白拿出去呢?

陈老先生极用心的想，心中似乎充实了许多：作了一辈子书生，现在才明白官场中的情形，才有实际的问题等着解决。儿子尽孝是种光荣，但究竟是空虚的，虽然不必受之有愧，可是并显不出为父亲的真本事。这回这一千元，不能由儿子拿，老先生要露露手段，儿子的孝心是儿子的，父亲的本事是父亲的，至少这两回事——廉仲的婚事和一千元捐款——要由父亲负责，也教他们年轻的看一看，也证实一下自己并不是酸秀才。

街上仿佛比往日光亮着许多，飞尘在秋晴中都显着特别的干爽，高高的浮动着些细小金星。蓝天上飘着极高极薄的白云，将要同化在蓝色里，鹰翅下悬着白白的长丝。老先生觉得有点疲乏，可是非常高兴，头上出了些汗珠，依然扯着方步。来往的青年男女都换上初秋的新衣，独行的眼睛不很老实，同行的手拉着手，或并着肩低语。老先生恶狠狠的瞪着他们，什么样子，男女无别，混账！老先生想到自己设若还能作官，必须斩除这些混账们。爱民以德，齐民以礼；不过，乱国重刑，非杀几个不可！国家将亡，必有妖孽，这种男女便是妖孽。只有读经崇礼，方足以治国平天下。

但是，自己恐怕没有什么机会作官了，顶好作个修身齐家的君子吧。"圣贤虽远诗书在，殊胜邻翁击磬声！"修身，自己生平守身如执玉；齐家，父慈子孝。俯仰无愧，耿耿此心！忘了街上的男女；我道不行，且独善其身吧。

他想到新铺子中看看，儿子既然孝敬给老人，老人应当在开市以前去看看，给他们出些主意，"为商为士亦奚异"，天降德于予，必有以用其才者。

聚元粮店正在预备开市，门匾还用黄纸封着，右上角破了一块,露出极亮的一块黑漆和一个鲜红的"民"字。铺子外卸着两辆大车,一群赤背的人往里边扛面袋,背上的汗湿透了披着的大布巾,头发与眉毛上都挂着一层白霜。肥骡子在车旁用嘴偎着料袋,尾巴不住的抢打秋蝇。面和汗味裹在一处,招来不少红头的绿蝇,带着闪光乱飞。铺子里面也很紧张,笸箩已摆好,都贴好红纸签,小伙计正按着标签往里倒各种粮食,糠飞满了屋中,把新油的绿柜盖上一层黄白色。各处都是新油饰的,大红大绿,像个乡下的新娘子,尽力打扮而怪难受的。面粉堆了一人多高,还往里扛,软软的,印着绿字,像一些发肿的枕头。最着眼的是悬龛里的关公,脸和前面的一双大红烛一样红,龛底下贴着一溜米色的挂钱和两三串元宝。

陈老先生立在门外,等着孙掌柜出来迎接。伙计们和扛面的都不答理他,他的气要往上撞。"借光,别挡着道儿!"扛着两个面的,翻着眼瞪他。

"叫掌柜的出来!"陈老先生吼了一声。

"老东家!老东家!"一个大点儿的伙计认出来。

"老东家!老东家!"传递过去,大家忽然停止了工作,脸在汗与面粉的底下露出敬意。

老先生舒服了些,故意不睬不闻。抬头看匾角露出的红"民"字。

孙掌柜胖胖的由内柜扭出来,脸上的笑纹随着光线的强度增多,走到门口,脸上满是阳光也满是笑纹。山东绸的裤褂在日光下起闪,脚下的新千层布底白得使人忽然冷一下。

"请吧,请吧,老先生。"掌柜的笑向老东家放射,眼角撩着面车,千层底躲着马尿,脑瓢儿指挥小徒弟去沏茶打手巾。一点不忙,而一切都作到了掌柜的身份。慢慢的向内柜走,都不说话,掌柜的胖笑脸向左向右,微微一抬,微微向后;老先生的眼随着胖笑脸看到了一切。

到了内柜,新油漆味,老关东烟味,后院的马粪味,前面浮进来的糠味,拌成一种很沉重而得体的臭味。老先生入了另一世界。这个味道使他忘了以前的自己,而想到一些比书生更充实更有作为的事儿。平日的感情是来自书中,平日的愿望是来自书中,空的,都是空的。现在他看着墙上斜挂着一溜蓝布皮的账簿,桌上的紫红的算盘,墙角放着的大钱柜,锁着放光的巨锁,贴着"招财进宝"……他觉得这是实在的、可捉摸的事业;这个事业未必比作官好,可是到底比向着书本发呆,或高吟"天生德于予"强的多。这是生命、作为、事业。即使不幸,儿子搁下差事,这里,这里!到底是有米有面有钱,经济!

他想起那一千块来。

"孙掌柜,比如说,闲谈,咱们要是能应下来一笔赈粮;今年各处闹灾,大概不久连这里也得收容不少灾民;办赈粮能赔钱不能?请记住,这可是慈善事儿!"

孙掌柜摸不清老东家的意思,只能在笑上努力:"赔不了,怎能赔呢?"

"闲谈;怎就不能赔呢?"

又笑了一顿,孙掌柜拿起长烟袋,划着了两根火柴,都倒插在烟上,而后把老玉的烟嘴放在唇间。"办赈粮只有赚,弄不到手的事儿!"撇着嘴咽了口很厚很辣的烟。"怎么说呢,是这么着:赈粮自然免税,白运,啊!——"

"还怎着?"老先生闭上眼,气派很大。

"谁当然也不肯专办赈；白运，这里头就有伸缩了。"他等了等，看老东家没作声，才接着说："赶到粮来了，发的时候还有分寸。"

"那可——"老先生睁开了眼。

"不必一定那么办，不必；假如咱们办，实入实出；占白运的便宜，不苦害难民，落个美名，正赶上开市，也好立个名誉。买卖是活的，看怎调动。"孙掌柜叼着烟袋，斜看着白千层底儿。

"买卖是活的，"在老先生耳中还响着，跟作文章一样，起承转合……

"老先生，有路子吗？"孙掌柜试着步儿问。

"什么路子？"

"办赈粮。"

"我想想看。"

"运动费可也不小。"

"有人，有人；我想想看。"老先生慢慢觉得孙掌柜并不完全讨厌。武将军与孙掌柜都不像想象的那么讨厌，自己大概是有点太板了；道足以正身，也足以杀灭生机，仿佛是要改一改，自己有了财，有了身份，传道岂不更容易；汤武都是皇帝，富有四海，仍不失为圣人。拿那一千，再拿一二千去运动也无所不可，假如能由此买卖兴隆起来，日进斗金……

他和孙掌柜详细的计议了一番。

临走，孙掌柜想起来：

"老先生，内柜还短块匾，老先生给选两个好字眼，写一写；明天我亲自去取。"

"写什么呢?"老先生似乎很尊重掌柜的意见。

"老先生想吧,我一肚子俗字!"

老先生哈哈的笑起来,微风把长须吹斜了些,在阳光中飘着疏落落的金丝。

八

"大嫂!"廉仲在窗外叫:"大嫂!"

"进来,二弟。"廉伯太太从里间匆忙走出来。"哟,怎么啦?"

廉仲的脸上满是汗,脸蛋红得可怕,进到屋中,一下子坐在椅子上,好像要昏过去的样子。

"二弟,怎啦?不舒服吧?"她想去拿点糖水。

廉仲的头在椅背上摇了摇,好容易喘过气来。"大嫂!"叫了一声,他开始抽噎着哭起来,头捧在手里。

"二弟!二弟!说话!我是你的老嫂子!"

"我知道,"廉仲挣扎着说出话来,满眼是泪的看着嫂子:"我只能对你说,除了你,没人在这里拿我当作人。大嫂你给我个主意!"他净下了鼻子。

"慢慢说,二弟!"廉伯太太的泪也在眼圈里。

"父亲给我定了婚,你知道?"

她点了点头。

"他没跟我提过一个字;我自己无意中听到了,女的,那个女的,大嫂,公开的跟她家里的汽车夫一块睡,谁都知道!我不算人,我没本事,他们只图她的父亲是旅长,媒人是将军，不管我……王八……"

"父亲当然不知道她的……"

"知道也罢，不知道也罢，我不能受。可是，我不是来告诉你这个。你看，大嫂，"廉仲的泪渐渐干了，红着眼圈，"我知道我没本事，我傻，可是我到底是个人。我想跑，穷死，饿死，我认命，不再登陈家的门。这口饭难咽！"

"咱们一样，二弟！"廉伯太太低声的说。

"我很想玩他们一下，"他见嫂子这样同情，爽性把心中的话都抖落出来："我知道他们的劣迹，他们强迫买卖家给送礼——乾礼。他们抄来'白面'用面粉顶换上去，他们包办赈粮……我都知道。我要是揭了他们的盖儿，枪毙，枪毙！"

"嗷，二弟，别说了，怕人！你跑就跑得了，可别这么办哪！于你没好处，于他们没好处。我呢，你得为我想想吧！我一个妇道人家……"她的眼又向四下里望了，十分害怕的样子。

"是呀，所以我没这么办。我恨他们，我可不恨你，大嫂；孩子们也与我无仇无怨。我不糊涂。"廉仲笑了，好像觉得为嫂子而没那样办是极近人情的事，心中痛快了些，因为嫂子必定感激他。"我没那么办，可是我另想了主意。我本打算由昨天出去，就不登这个门了，我去赌钱，大嫂你知道我会赌？我是这么打好了主意：赌一晚上，赢个几百，我好远走高飞。"

"可是你输了。"廉伯太太低着头问。

"我输了！"廉仲闭上了眼。

"廉仲，你预备输，还是打算赢？"宋龙云问。

"赢!"廉仲的脸通红。

"不赌;两家都想赢还行。我等钱用。"

那两家都笑了。

"没你缺一手。"廉仲用手指肚来回摸着一张牌。

"来也不打麻将,没那么大工夫。"龙云向黑的屋顶喷了一口烟。

"我什么也陪着,这二位非打牌不可,专为消磨这一晚上。坐下!"廉仲很急于开牌。

"好吧,八圈,多一圈不来?"

三家勉强的点头。"坐下!"一齐说。

"先等等,拍出钱来看看,我等钱用!"龙云不肯坐下。

三家掏出票子扔在桌上,龙云用手拨弄了一下:"这点钱?玩你们的吧!"

"根本无须用钱;筹码!输了的,明天早晨把款送到;赌多少的?"廉仲立起来,拉住龙云的臂。

"我等两千块用,假如你一家输,输过两千,我只要两千,多一个不要;明天早上清账!"

"坐下!你输了也是这样?"廉仲知道自己有把握。

"那还用说,打座!"

八圈完了,廉仲只和了个末把,胖手哆嗦着数筹码,他输了一千五。

"再来四圈?"他问。

"说明了八圈一散。"龙云在裤子上擦擦手上的汗:"明天早晨我同你一块去取钱,等用!"

"你们呢?"廉仲问那二家,眼中带着乞怜的神气。

"再来就再来,他一家赢,我不输不赢。"

"我也输，不多，再来就再来。"

"赢家说话！"廉仲还有勇气，他知道后半夜能转败为胜，必不得已，他可以耍花活；似乎必得耍花活！

"不能再续，只来四圈；打座！"龙云仿佛也打上瘾来。

廉仲的运气转过点来。

"等会儿！"龙云递给廉仲几个筹码。"说明白了，不带花招儿的！"

廉仲拧了下眉毛，没说什么。

打下一圈来，廉仲和了三把。都不小。

"抹好了牌，再由大家随便换几对儿，心明眼亮；谁也别掏坏，谁也别吃亏！"龙云用自己门前的好几对牌换过廉仲的几对来。

廉仲不敢说什么，瞪着大家的手。

可是第二圈，他还不错，虽然只和了一把，可是很大。他对着牌笑了笑。

"脱了你的肥袖小褂！"龙云指着廉仲的胖脸说。

"干什么？"廉仲的脸紧得很难看，用嘴唇干挤出这么三个字来。

"不带变戏法儿的，仙人摘豆，随便的换，哎？"

哗——廉仲把牌推了，"输钱小事，名誉要紧，大爷不玩啦！"

"你？你要打的；捡起来！"龙云冷笑着。

"不打犯法呀！"

"好啦，不打也行，这两圈不能算数，你净欠我一千五？"

"我一个儿子不欠你的？"廉仲立起来。

"什么？你以为还出得去吗？"龙云也立起来。

"绑票是怎着？我看见过！"廉仲想吓唬吓唬人。牌是不能再打了，抹不了自己的牌，换不了张，自己没有必赢的把握。凭气儿，他敌不住龙云。

"用不着废话，我输了还不是一样拿出钱？"

"我没钱！"廉仲说了实话。

"嗨，你们二位请吧，我和廉仲谈谈。"龙云向那两家说："你不输不赢，你输不多；都算没事，明天见。"

那两家穿好长衣服，"再见。"

"坐下，"龙云和平了一些，"告诉我，怎回事。"

"没什么，想赢俩钱，作个路费，远走高飞。"廉仲无聊的，失望的，一笑。

"没想到输，即使输了，可以拿你哥哥唬事，侦探长。"

"他不是我哥哥！"廉仲可是想不起别的话来。他心中忽然很乱：回家要钱，绝对不敢。最后一次利用哥哥的势力，不行，龙云不是好惹的。再说呢，龙云是廉伯的对头，帮助谁也不好；廉伯拿住龙云至少是十年监禁，龙云得了手，廉伯也许吃不住。自己怎办呢？

"你干吗这么急着用钱？等两天行不行？"

"我有我的事，等钱用就是等钱用；想法拿钱好了，你！"龙云一点不让步。

"我告诉你了，没钱！"廉仲找不着别的话说。

"家里去拿。"

"你知道他们不能给我。"

"跟你嫂子要！"

"她哪有钱？"

"你怎知道她没钱？"

廉仲不言语了。

"我告诉你怎办，"龙云微微一笑，"到家对你嫂子明说，就说你输了钱，输给了我。我干吗用钱呢，你对嫂子这么讲：龙云打算弄俩钱，把妈妈姐姐都偷偷的带了走。你这么一说，必定有钱。明白不？"

"你真带她们走吗？"

"那你不用管。"

"好啦，我走吧？"廉仲立起来。

"等等！"龙云把廉仲拦住。"那儿不是张大椅子？你睡上一会儿，明天九点我放你走。我不用跟着你，你知道我是怎个人。你乖乖的把款送来，好；你一去不回头，也好；我不愿打死人，连你哥哥的命我都不想要。不过，赶到气儿上呢，我也许放一两枪玩！"龙云拍了拍后边的裤袋。

"大嫂，你知道我不能跟他们要钱？记得那年我为踢球挨那顿打？捆在树上！我想，他们想打我，现在大概还可以。"

"不必跟他们要，"廉伯太太很同情的说，"这么着吧，我给你凑几件首饰，你好歹的对付吧。"

"大嫂！我输了一千五呢！"

"二弟！"她咽了口气："不是我说你，你的胆子可也太大了！一千五！"

"他们逼的我！我平常就没有赌过多大的耍儿。父亲和哥哥逼的我！"

"输给谁了呢？"

"龙云！他……"廉仲的泪又转起来。只有嫂子疼他，怎肯瞪着眼骗她呢?

可是,不清这笔账是不行的,龙云不好惹。叫父兄知道了也了不得。只有骗嫂子这条路,一条极不光明而必须走的路!

"龙云,龙云,"他把辱耻、人情,全咽了下去,"等钱用,我也等钱用,所以越赌越大。"

"宋家都不是好人,就不应当跟他赌!"她说得不十分带气,可是露出不满意廉仲的意思。

"他说,拿到这笔钱就把母亲和姐姐偷偷的带了走!"每一个字都烫着他的喉。

"走不走吧,咱们哪儿弄这么多钱去呢?"大嫂缓和了些。"我虽然是过着这份日子,可是油盐酱醋都有定数,手里有也不过是三头五块的。"

"找点值钱的东西呢?"廉仲像坐在针上,只求快快的完结这一场。

"哪样我也不敢动呀!"大嫂愣了会儿。"我也豁出去了!别的不敢动,私货还不敢动吗?就是他跟我闹,他也不敢嚷嚷。再说呢,闹我也不怕!看他把我怎样了!他前两天交给我两包'白面',横是值不少钱,我可不知道能清你这笔账不能?"

"哪儿呢?大嫂,快!"

九

已是初冬时节。廉伯带着两盆细瓣的白菊,去看"小凤"。菊已开足,长长的细瓣托着细铁丝,还颤颤欲堕。他嘱咐开车的不要太慌,那些白长瓣动了他的怜爱,用脚夹住盆边,唯恐摇动得太厉害了。车走的很稳,花依然颤摇,他呆呆的看着那些玉丝,心中忽然有点难过。太阳已压山了。

到了"小凤"门前,他就自搬起一盆花,叫车夫好好的搬着那一盆。门没关着,一直的进去;把花放在阶前,他告诉车夫九点钟来接。

"怎这么早?"小凤已立在阶上,"妈,快来看这两盆花,太好了!"

廉伯立在花前,手插着腰儿端详端详小凤,又看看花:"帘卷西风,人比黄菊瘦!大概有这么一套吧!"他笑了。

"还真亏你记得这么一套!"小凤看着花。

"哎,今天怎么直挑我的毛病?"他笑着问。"一进门就嫌我来得早,这又亏得我……"

"我是想你忙,来不了这么早,才问。"

"啊,反正你有的说;进来吧。"

桌上放着本展开的书,页上放着个很秀美的书签儿。他顺手拿起书来:"喝,你还研究侦探学?"

小凤笑了;他仿佛初次看见她笑似的,似乎没看见她这么美过。"无聊,看着玩。你横是把这个都能背过来?"

"我?就没念过!"还看着她的脸,好似追逐着那点已逝去的笑。

"没念过?"

"书是书,事是事:事是地位与威权。自要你镇得住就行。好,要是作事都得拉着图书馆,才是笑话!你看我,作什么也行,一本书不用念。"

"念念可也不吃亏?"

"谁管;先弄点饭吃吃。哟,忘了,我把车夫打发了。这么着吧,咱们出去吃?"

"不用,我们有刚包好了的饺子,足够三个人吃的。我叫妈妈去给你打点酒,什么酒?"

"嗯——一瓶佛手露。可又得叫妈妈跑一趟?"

"出口儿就是。佛手露、青酱肉、醉蟹、白梨果子酒,好不好?"

"小饮赏菊?好!"廉伯非常的高兴。

吃过饭,廉伯微微有些酒意,话来得很方便。

"凤",他拉住她的手,"我告诉你,我有代理公安局局长的希望,就在这两天!"

"是吗,那可好。"

"别对人说!"

"我永远不出门,对谁去说?跟妈说,妈也不懂。"

"龙云没来?"

"多少日子了。"

"谁也不知道,我预备好了!"廉伯向镜子里看了看自己。"这两天,"他回过头来.放低了声音:"城里要出点乱子,局长还不知道呢!我知道,可是不管。等事情闹起来,局长没了办法,我出头,我知底,一伸手事就完。可是我得看准了,他决定辞职,不到他辞职我不露面。我抓着老根;也得先看准了,是不是由我代理;不是我,我还是不下手!"

"那么城里乱起来呢?"她皱了皱眉。

"乱世造英雄,凤!"廉伯非常郑重了。"小孩刺破手指,妈妈就心疼半天,妈妈是妇人。大丈夫拿事当作一件事看,当作一局棋看；历史是伟人的历史！你放心，无论怎乱，也乱不到你这儿来。遇必要的时候，我派个暗探来。"他的严重劲儿又灭去了许多。"放心了吧？"

她点点头，没说出什么来。

"没危险，"廉伯点上支烟，烟和话一齐吐出来。"没人注意我；我还不够个角儿，"他冷笑了一下，"内行人才能晓得我是他们这群东西的灵魂；没我，他们这个长那个员的连一天也作不了。所以，事情万一不好收拾呢，外间不会责备我；若是都顺顺当当照我所计划的走呢，局里的人没有敢向我摇头的。嗯？"他听了听，外面有辆汽车停住了。"我叫他九点来，钟慢了吧？"他指着桌上的小八音盒。

"不慢，是刚八点。"

院里有人叫："陈老爷！"

"谁？"廉伯问。

"局长请！"

"老朱吗？进来！"廉伯开开门，灯光射在白菊上。

"局长说请快过去呢，几位处长已都到了。"

凤贞在后面拉了他一下："去得吗？"

他退回来："没事，也许他们扫听着点风声，可是万不会知底；我去，要是有工夫的话，我还回来；过十一点不用等。"他匆匆的走出去。

汽车刚走，又有人拍门，拍得很急。凤贞心里一惊。"妈！叫门！"她开了屋门等着看是谁。

龙云三步改作一步的走进来。

"妈，姐，穿衣裳，走！"

"上哪儿？"凤贞问。

妈妈只顾看儿子,没听清他说什么。

"姐,九点的火车还赶得上,你同妈妈走吧。这儿有三百块钱,姐你拿着;到了上海我再给你寄钱去,直到你找到事作为止;在南方你不会没事作了。"

"他呢?"凤贞问。

"谁?"

"陈!"

"管他干什么,一半天他不会再上这儿来。"

"没危险?"

"妇女到底是妇女,你好像很关心他?"龙云笑了。

"他待我不错!"凤贞低着头说。

"他待他自己更不错!快呀,火车可不等人!"

"就空着手走吗?"妈妈似乎听明白了点。

"我给看着这些东西,什么也丢不了,妈!"他显然是说着玩呢。

"哎,你可好好的看着!"

凤贞落了泪。

"姐,你会为他落泪,真差!"龙云像逗着她玩似的说。

"一个女人对一个男的,"她慢慢的说,"一个同居的男的,若是不想杀他,就多少有点爱他!"

"谁管你这一套,你不是根本就没生在世间过吗?走啊,快!"

十

　　陈老先生很得意。二儿子的亲事算是定规了,武将军的秘书王先生给合的婚,上等婚。老先生并不深信这种合婚择日的把戏,可是既然是上等婚,便更觉出自己对儿辈是何等的尽心。

　　第二件可喜的事是赈粮由聚元粮店承办,利益是他与钱会长平分。他自己并不像钱会长那样爱财,他是为儿孙创下点事业。

　　第三件事虽然没有多少实际上的利益,可是精神上使他高兴痛快。钱会长约他在国学会讲四次经,他的题目是"正心修身",已经讲了两次。听讲的人不能算少,多数都是坐汽车的。老先生知道自己的相貌、声音,已足惊人;况且又句句出经入史,即使没有人来听,说给自己听也是痛快的。讲过两次以后,他再在街上闲步的时节,总觉得汽车里的人对他都特别注意似的。已讲过的稿子不但在本地的报纸登出来,并且接到两份由湖北寄来的报纸,转载着这两篇文字。这使老先生特别的高兴:自己的话与力气并没白费,必定有许多许多人由此而潜心读经,说不定再加以努力也许成为普遍的一种风气,而恢复了固有的道德,光大了古代的文化;那么,老先生可以无愧此生矣!立德立功立言,老先生虽未能效忠庙廊,可是德与言已足不朽;他想象着听众眼中看他必如"每为后生谈旧事,始知老子是陈人",那样的可敬可爱的老儒生、诗客。他开始觉到了生命,肉体的、精神的,形容不出的一点像"西风白发三千丈"的什么东西！

"廉仲怎么老不在家？"老先生在院中看菊，问了廉伯太太——拉着小妞儿正在檐前立着——这么一句。

"他大概晚上去学英文，回来就不早了。"她眼望着远处，扯了个谎。

"学英文干吗？中文还写不通！小孩子！"看了孙女一眼，"不要把指头放在嘴里！"顺势也瞪了儿媳一下。

"大嫂！"廉仲忽然跑进来，以为父亲没在家，一直奔了嫂子去。及至看见父亲，他立住不敢动了："爸爸！"

老先生上下打量了廉仲一番，慢慢的，细细的，厉害的，把廉仲的心看得乱跳。看够多时，老先生往前挪了一步，廉仲低下头去。

"你上哪儿啦？天天连来看看我也不来，好像我不是你的父亲！父亲有什么对不起你的地方，说！事情是我给你找的，凭你也一月拿六十元钱？婚姻是我给说定的，你并不配娶那么好的媳妇！白天不来省问，也还可以，你得去办公；晚上怎么也不来？我还没死！进门就叫大嫂，眼里就根本没有父亲！你还不如大成呢，他知道先叫爷爷！你并不是小孩子了；眼看就成婚生子；看看你自己，哪点儿像呢！"老先生发气之间，找不到文话与诗句，只用了白话，心中更气了。

"妈，妈！"小女孩轻轻的叫，连扯妈妈的袖子："咱们上屋里去！"

廉伯太太轻轻揉了小妞子一下，没敢动。

"父亲，"廉仲还低着头，"哥哥下了监啦！您看看去！"

"什么？"

"我哥哥昨儿晚上在宋家叫局里捉了去，下了监！"

"没有的事！"

"他昨天可是一夜没回来！"廉伯太太着了急。

"冯有才呢？一问他就明白了。"老先生还不相信廉仲的话。

"冯有才也拿下去了！"

"你说公安局拿的？"老先生开始有点着急了："自家拿自家的人？为什么呢？"

"我说不清，"廉仲大着胆看了老先生一眼："很复杂！"

"都叫你说清了，敢情好了，糊涂！"

"爷爷就去看看吧！"廉伯太太的脸色白了。

"我知道他在哪儿呢？"老先生的声音很大。他只能向家里的人发怒，因为心中一时没有主意。

"您见见局长去吧；您要不去，我去！"廉伯太太是真着急。

"妇道人家上哪儿去？"老先生的火儿逼了上来："我去！我去！有事弟子服其劳，废物！"他指着廉仲骂。

"叫辆汽车吧？"廉仲为了嫂子，忍受着骂。

"你叫去呀！"老先生去拿帽子与名片。

车来了，廉仲送父亲上去；廉伯太太也跟到门口。叔嫂见车开走，慢慢的往里走。

"怎回事呢？二弟！"

"我真不知道！"廉仲敢自由的说话了。"是这么回事，大嫂，自从那天我拿走那两包东西，始终我没离开这儿，我舍不得这些朋友，也舍不得这块地方。我自幼生在这儿！把那两包东西给了龙云，他给了我一百块钱。我就白天还去作事,晚上住在个小旅馆里。每一想起婚事,我就要走;可是过一会儿,又忘了。好在呢,我知道父亲睡得早,晚上不会查看我。廉伯呢一向就不注意我,当然也不会问。我倒好几次要来看你,大嫂,我知道你一定不放心。可是我真懒得再登这个门,一看见这个街门,我就连条狗也不如了,仿佛是。我就这么对付过这些日子,说不上痛快,也说不上不痛快,马马糊糊。昨天晚上我一个人无聊瞎走,走到宋家门口,也就是九点多钟吧。哥哥的汽车在门口放着呢。门是路北的,车靠南墙放着。院里可连个灯亮也没有。车夫在车里睡着了,我推醒了他,问大爷什么时候来的。他说早来了,他这是刚把车开回来接侦探长,等了大概有二十分钟了,不见动静。所以他打了个盹儿。"

把小女孩交给了刘妈,他们叔嫂坐在了台阶上,阳光挺暖和。廉仲接着说:

"我推了推门,推不开。拍了拍,没人答应。奇怪!又等了会儿,还是没有动静。我跟开车的商议,怎么办。他说,里边一定是睡了觉,或是都出去听戏去了。我不敢信,可也不敢再打门。车夫决定在那儿等着。"

"你那天不是说,龙云要偷偷把她们送走吗?"廉伯太太想起来。

"是呀,我也疑了心;莫非龙云把她们送走,然后把哥哥诓进去……"廉仲不愿说下去,他觉得既不应当这么关心哥哥,也不应当来惊吓嫂子。可是这的确是他当时的感情,哥哥到底是哥哥,不管怎样恨他,"我决定进去,哪怕是跳墙呢!我正在打主意,远远的来了几个人,走在胡同的电灯底下,我看最先的一个像老朱,公安局的队长。他们一定是来找哥哥,我想;我可就藏在汽车后面,不愿叫他们或哥哥看见我。他们走到车前,就和开车的说开了话。他们问他等谁呢,他笑着说,还能等别人吗?噢,他还不知道,老朱说。你大概是把陈送到这儿,找地方吃饭去了,刚才又回来?我没听见车夫说什么,大概他是点了点头。好了,老朱又说了,就用你的车吧。小凤也得上局里去!说着,他们就推门了。推不开。他们似乎急了,老朱上了墙,墙里边有棵不大的树。一会儿他从里面把门开开,大家都进去。我乘势就跑出老远去,躲在黑影里等着。好大半天,他们才出来,并没有她。汽车开了。我绕着道儿去找龙云。什么地方也找不着他,我一直找到夜里两点,我知道事情是坏了:'小凤也得上局里去!'也得去!这不是说哥哥已经去了吗?他要是保护不了小凤,必定是他已顾不了自己!可是我不敢家来,我到底没得到确信。今天早晨,我给侦探队打电,找冯有才,他没在那儿。刚才我一到家,他也没在门房,我晓得他也完了。打完电,我更疑心了,可是究竟没个水落石出。我不敢向公安局去打听,我又不能不打听,乱碰吧,我找了聚元的孙掌柜去,他,昨天晚上也被人抓了去,便衣巡警把着门,铺子可是还开着,大概是为免得叫大家大惊小怪,同时又禁止伙计们出来。我假装问问米价,大伙计还精明,偷偷告诉了我一句:"汽车装了走,昨晚上!"

"二弟,"廉伯太太脸上已没一点血色,出了冷汗。"二弟!你哥哥,"她哭起来。

"大嫂。别哭!咱们等爸爸回来就知道了。大概没多大关系!"

"他活不了,我知道,那两包白面!"她哭着说。

"不至于！大嫂！咱们快快想主意！"

傻小子大成拿着块点心跑来了：

"胖叔！你又欺侮妈哪？回来告诉爷爷，叫爷爷揍你！"

十一

要在平常日子，以陈老先生的服装气度，满可以把汽车开进公安局的里边去；这天门前加了岗，都持枪，上着刺刀；车一到就被拦住了。老先生要见局长，掏出片子来，巡警当时说局长今天不见客。老先生才知道事情是非常严重了，不敢发作，立刻坐上车去找钱会长。他知道了事情是很严重，可是想不出儿子犯了什么罪；儿子没有什么不好的地方。大概是在局里得罪了人，那么，有人出来调停一下也就完了。设若仍然不行呢，花上点钱，送上些礼，疏通疏通总该一天云雾散了。这么一想，他心中宽了些。

见着钱会长，他略把他所知道的说了一遍：

"子美翁你知道，廉伯是个孝子；未有孝悌而好犯上者也。他不会作出什么不体面的事来。我自己，你先生也晓得，在今日像我们这样的家庭有几个？恐怕只是廉伯于无意中开罪于人，那么我想请子美翁给调解一下，大概也就没什么了。"

"大概没多大关系，官场中彼此倾轧是常有的事，"钱会长一边咕噜着水烟，"我打听打听看。"

"会长若是能陪我到趟公安局才好，因为我到底还不知其详，最好能见见局长，再见见廉伯，然后再详为计划。"

"我想想看，"会长一劲儿点头，"事情倒不要这么急，想想看，总该有办法的。"

陈老先生心中凉了些。"子美翁看能不能代我设法去见见公安局长，我独自去，武将军能不能——"

"是的，武将军对地面的官员比我还接近，是的，找找他看！"

希望着武将军能代为出力，陈老先生忽略了钱会长的冷淡。

见着武将军，他完全用白话讲明来意，怕将军听不明白。武将军很痛快的答应与他一同去见局长。

在公安局门口，武将军递进自己的片子，马上被请进去，陈老先生在后面跟着。

局长很亲热的和将军握手，及至看见了陈老先生，他皱了一下眉，点了点头。

"刚才老先生来过，局长大概很忙，没见着，所以我同他来了。"武将军一气说完。

"啊，是的，"局长对将军说，没看老先生一眼，"对不起，适才有点紧要的公事。"

"廉伯昨晚没回去，"陈老先生往下用力的压着气，"听说被扣起来，我很不放心。"

"噢，是的，"局长还对着武将军说，"不过一种手续，没多大关系。"

"请问局长，他犯了什么法呢？"老先生的腰挺起来，语气也很冷硬。

"不便于说，老先生，"局长冷笑了一下，脸对着老先生："公事，公事，朋友也有难尽力的地方！"

"局长高见,"陈老先生晓得事情是很难办了。可是他想不出廉伯能作出什么不规矩的事。一定这是局长的阴谋,他再也压不住气。"局长晓得廉伯是个孝子,老夫是个书生,绝不会办出不法的事来。局长也有父母,也有儿女,我不敢强迫长官泄露机要,我只以爱子的一片真心来格外求情,请局长告诉我到底是怎回事!士可杀不可辱,这条老命可以不要,不能忍受……"

"哎哎,老先生说远了!"局长笑得缓和了些。"老先生既不能整天跟着他,他作的事你哪能都知道?"

"我见见廉伯呢?"老先生问。

"真对不起!"局长的头低下去,马上抬起来。

"局长,"武将军插了嘴,"告诉老先生一点,一点,他是真急。"

"当然着急,连我都替他着急,"局长微笑了下,"不过爱莫能助!"

"廉伯是不是有极大的危险?"老先生的脑门上见了汗。

"大概,或者,不至于;案子正在检理,一时自然不能完结。我呢,凡是我能尽力帮忙的地方无不尽力,无不尽力!"局长立起来。

"等一等,局长,"陈老先生也立起来,脸上煞白,两腮咬紧,胡子根儿立起来。"我最后请求你告诉我个大概,人都有个幸不幸,莫要赶尽杀绝。设若你错待了个孝子,你知道你将遗臭万年。我虽老朽,将与君周旋到底!"

"那么老先生一定要知道,好,请等一等!"局长用力按了两下铃。

进来一个警士,必恭必敬的立在桌前。

"把告侦探长的呈子取来，全份！"局长的脸也白了，可是还勉强的向武将军笑。

陈老先生坐下，手在膝上哆嗦。

不大会儿，警士把一堆呈子送在桌上。局长随便推送在武将军与老先生面前，将军没动手。陈老先生翻了翻最上边的几本，很快的翻过，已然得到几种案由：强迫商家送礼；霸占良家妇女；假公济私，借赈私运粮米；窃卖赃货……老先生不能往下看了，手扶在桌上，只剩了哆嗦。哆嗦了半天，他用尽力量抬起头来，脸上忽然瘦了一圈，极慢极低的说：

"局长，局长！谁没有错处呢！他不见得比人家坏，这些状子也未必都可靠。局长，他的命在你手里，你积德就完了！你闭一闭眼，我们全家永感大德！"

"能尽力处我无不尽力！武将军，改天再过去请安！"

武将军把老先生搀了出来。将军把他送到家中，他一句话也没说。那些罪案，他知道，多半都是真的。而且有的是他自己给儿子造成的。可是，他还不肯完全承认这是他们父子的过错，局长应负多一半责任；局长是可以把那些状子压下不问的。他的怨怒多于羞愧，心中和火烧着似的，可是说不出话来。他恨自己的势力小，不能马上把局长收拾了。他恨自己的命不好，命给他带来灾殃，不是他自己的毛病，天命！

到了家中，他越想越怕了。事不宜迟，他得去为儿子奔走。幸而他已交结了不少有势力的朋友。第一个被想到的是孟宝斋，新亲自然会帮忙。可是孟宝斋的大烟吃上没完，虽然答应给设法，而始终不动弹。老先生又去找别人，大家都劝他不要着急，也就是表示他们不愿出力。绕到晚上，老先生明白了世态炎凉还不都是街上的青年男女闹的！与他为道义之交的人们，听他讲经的人们，也丝毫没有古道。但是他没心细想这个，他身上疲乏，心中发乱。立在镜前，他已不认识自己了。他的眼陷下好深，眼下的肉袋成了些鲇皮，像一对很大的瘪臭虫。他愤恨，渺茫，心里发辣。什么都可以牺牲，只要保住儿子的命。儿媳妇在屋中放声的哭呢！她带着大成去探望廉伯，没有见到。听着她哭，老先生的泪止不住了，越想越难过，他也放了声。

　　他只想喝水，晚饭没有吃。早早的躺下，疲乏，可是合不上眼。想起什么都想到半截便忘了，迷乱，心中像老映着破碎不全的电影片。想得讨厌了，心中仍不愿休息，还希望在心的深处搜出一半个好主意。没有主意，他只能低声的叫，叫着廉伯的乳名。一直到夜中三点，他迷糊过去，不是睡，是像飘在云里那样惊心吊胆的闭着眼。时时仿佛看见儿子回来了，又仿佛听见儿媳妇啼哭，也看见自己死去的老伴儿……可是始终没有睁开眼，恍惚像风里的灯苗，似灭不灭，顾不得再为别人照个亮儿。

袁运生 插图

十二

太阳出来好久,老先生还半睡半醒的忍着,他不愿再见这无望的阳光。

忽然,儿媳妇与廉仲都大哭起来,老先生猛孤仃的爬起来。没顾得穿长衣,急忙的跑过来,儿媳妇已哭背过气去,他明白了。他咬上了牙,心中突然一热,咬着牙把撞上来的一口黏的咽回去。扶住门框,他吼了一声:

"廉仲,你嫂子!"他蹲在了地上,颤成一团。

廉仲和刘妈,把廉伯太太撅巴起来,她闭着眼只能抽气。

"爸,送信来了,去收尸!"廉仲的胖脸浮肿着,黄蜡似的流着两条泪。

"好!好!"老先生手把着门框想立起来,手一软,蹲得更低了些。"你去吧,用我的寿材好了;我还得大办丧事呢!哈,哈,"他坐在地上狂号起来。

陈老先生真的遍发讣闻,丧事办得很款式。来吊祭的可是没有几个人,连孟宅都没有人过来。武将军送来一个鲜花圈,钱会长送来一对挽联;廉伯的朋友没来一个。老先生随着棺材,一直送到墓地。临入土的时候,老先生拍了拍棺材:"廉伯,廉伯,我还健在,会替你教子成名!"说完他亲手燃着自己写的挽联:

> 孝子忠臣，风波于汝莫须有；
> 孤灯白发，经史传孙知奈何？

事隔了许久，事情的真相渐渐的透露出来，大家的意见也开始显出公平。廉伯的罪过是无可置辩的，可是要了他的命的罪名，是窃卖"白面"——搜检了来，而用面粉替换上去。然而这究竟是个"罪名"，骨子里面还是因为他想"顶"公安局长。又正赶上政府刚下了严禁白面的命令，于是局长得了手。设若没有这道命令，或是这道命令已经下了好多时候，不但廉伯的命可以保住，而且局长为使自己的地位稳固，还得至少教廉伯兼一个差事。不能枪毙他，就得给他差事，局长只有这么两条路。他不敢撤廉伯的差．廉伯可以帮助局长，也可以随时倒戈，他手下有人，能扰乱地面。大家所以都这么说：廉伯与局长是半斤八两，不过廉伯的运气差一点，情屈命不屈。

有不少人同情于陈家：无论怎说，他是个孝子，可惜！这个增高了陈老先生的名望。那对挽联已经脍炙人口。就连公安局长也不敢再赶尽杀绝。聚元的孙掌柜不久就放了出来，陈家的财产也没受多少损失："经史传孙知奈何？"多么气势！局长不敢结世仇，而托人送来五百元的教育费，陈老先生没有收下。

陈家的财产既没受多少损失，亲友们慢慢的又转回来。陈老先生在国学会未曾讲完的那两讲——正心修身——在廉伯死的六七个月后，又经会中敦聘续讲。老先生瘦了许多，腰也弯了一些，可是声音还很足壮。听讲的人是很多，多数是想看看被枪毙的孝子的老父亲是什么样儿。老先生上台后，戴上大花镜，手微颤着摸出讲稿，长须已有几根白的，可是神气还十分的好看。讲着讲着，他一手扶着桌子，一手放在头上，愣了半天，好像忘记了点什么。忽然他摘下眼镜，匆忙的下了台。大家莫名其妙，全立起来。

会中的职员把他拦住。他低声的，极不安的说：

"我回家去看看，不放心！我的大儿子，孝子，死了。廉仲——虽然不肖——可别再跑了！他想跑，我知道！不满意我给他定下的媳妇；自由结婚，该杀！我回家看看，待一会儿再来讲：我不但能讲，还以身作则！不用拦我，我也不放心大儿媳妇。她，死了丈夫，心志昏乱；常要自杀，胡闹！她老说她害了丈夫，什么拿走两包东西咧，乱七八糟！无法，无法！几时能'买襄山县云藏市，横笛江城月满楼'呢？"说完，他弯着点腰，扯开不十分正确的方步走去。

大家都争着往外跑，先跑出去的还看见了老先生的后影，肩头上飘着些长须。

我这一辈子

一

我幼年读过书，虽然不多，可是足够读七侠五义与三国志演义什么的。我记得好几段聊斋，到如今还能说得很齐全动听，不但听的人都夸奖我的记性好，连我自己也觉得应该高兴。可是，我并念不懂聊斋的原文，那太深了；我所记得的几段，都是由小报上的"评讲聊斋"念来的——把原文变成白话，又添上些逗哏打趣，实在有个意思！

我的字写得也不坏。拿我的字和老年间衙门里的公文比一比，论个儿的匀适，墨色的光润，与行列的齐整，我实在相信我可以作个很好的"笔帖式"。自然我不敢高攀，说我有写奏折的本领，可是眼前的通常公文是准保能写到好处的。

凭我认字与写的本事，我本该去当差。当差虽不见得一定能增光耀祖，但是至少也比作别的事更体面些。况且呢，差事不管大小，多少总有个升腾。我看见不止一位了，官职很大，可是那笔字还不如我的好呢，连句整话都说不出来。这样的人既能作高官，我怎么不能呢？

可是，当我十五岁的时候，家里教我去学徒。五行八作，行行出状元，学手艺原不是什么低搭的事；不过比较当差稍差点劲儿罢了。学手艺，一辈子逃不出手艺人去，即使能大发财源，也高不过大官儿不是？可是我并没和家里闹别扭，就去学徒了；十五岁的人，自然没有多少主意。况且家里老人还说，学满了艺，能挣上钱，就给我说亲事。在当时，我想象着结婚必是件有趣的事。那么，吃上二三年的苦，而后大人似的去耍手艺挣钱，家里再有个小媳妇，大概也很下得去了。

我学的是裱糊匠。在那太平年月，裱匠是不愁没饭吃的。那时候，死一个人不像现在这么省事。这可并不是说，老年间的人要翻来覆去的死好几回，不干脆的一下子断了气。我是说，那时候死人，丧家要拚命的花钱，一点不惜力气与金钱的讲排场。就拿与冥衣铺有关系的事来说吧，就得花上老些个钱。人一断气，马上就得去糊"倒头车"——现在，连这个名词儿也许有好多人不晓得了。紧跟着便是"接三"，必定有些烧活：车轿骡马，墩箱灵人，引魂幡，灵花等等。要是害月子病死的，还必须另糊一头牛，和一个鸡罩。赶到"一七"念经，又得糊楼库，金山银山，尺头元宝，四季衣服，四季花草，古玩陈设，各样木器。及至出殡，纸亭纸架之外，还有许多烧活，至不济也得弄一对"童儿"举着。"五七"烧伞，六十天糊船桥。一个死人到六十天后才和我们裱糊匠脱离关系。一年之中，死那么十来个有钱的人，我们便有了吃喝。

裱糊匠并不专伺候死人，我们也伺候神仙。早年间的神仙不像如今晚儿的这样寒碜，就拿关老爷说吧，早年间每到六月二十四，人们必给他糊黄幡宝盖，马童马匹，和七星大旗什么的。现在，几乎没有人再惦记着关公了！遇上闹"天花"，我们又得为娘娘们忙一阵。九位娘娘得糊九顶轿子，红马黄马各一匹，九份凤冠霞帔，还得预备痘哥哥痘姐姐们的袍带靴帽，和各样执事。如今，医院都施种牛痘，娘娘们无事可作，裱糊匠也就陪着她们闲起来了。此外还有许许多多的"还愿"的事，都要糊点什么东西，可是也都随着破除迷信没人再提了。年头真是变了啊！

除了伺候神与鬼外，我们这行自然也为活人作些事。这叫作"白活"，就是给人家糊顶棚。早年间没有洋房，每遇到搬家，娶媳妇，或别项喜事，总要把房间糊得四白落地，好显出焕然一新的气象。那大富之家，连春秋两季糊窗子也雇用我们。人是一天穷似一天了，搬家不一定糊棚顶，而那些有钱的呢，房子改为洋式的，棚顶抹灰，一劳永逸；窗子改成玻璃的，也用不着再糊上纸或纱。什么都是洋式好，耍手艺的可就没了饭吃。我们自己也不是不努力呀，洋车时行，我们就照样糊洋车；汽车时行，我们就糊汽车，我们知道改良。可是有几家死了人来糊一辆洋车或汽车呢？年头一旦大改良起来，我们的小改良全算白饶，水大漫不过鸭子去，有什么法儿呢！

二

上面交代过了：我若是始终仗着那份儿手艺吃饭，恐怕就早已饿死了。不过，这点本事虽不能永远有用，可是三年的学艺并非没有很大的好处，这点好处教我一辈子享用不尽。我可以撂下家伙，干别的营生去；这点好处可是老跟着我。就是我死后,有人谈到我的为人如何,他们也必须要记得我少年曾学过三年徒。

学徒的意思是一半学手艺,一半学规矩。在初到铺子去的时候,不论是谁也得害怕,铺中的规矩就是委屈。当徒弟的得晚睡早起,得听一切的指挥与使遣,得低三下四的伺候人,饥寒劳苦都得高高兴兴的受着,有眼泪往肚子里咽。像我学艺的所在,铺子也就是掌柜的家;受了师傅的,还得受师母的,夹板儿气!能挺过这么三年,顶倔强的人也得软了,顶软和的人也得硬了;我简直的可以这么说,一个学徒的脾性不是天生带来的,而是被板子打出来的;像打铁一样,要打什么东西便成什么东西。

在当时正挨打受气的那一会儿,我真想去寻死,那种气简直不是人所受得住的!但是,现在想起来,这种规矩与调教实在值金子。受过这种排练,天下便没有什么受不了的事啦。随便提一样吧,比方说教我去当兵,好哇,我可以作个满好的兵。军队的操演有时会儿,而学徒们是除了睡觉没有任何休息时间的。我抓着工夫去出恭,一边蹲着一边就能打个盹儿,因为遇上赶夜活的时候,我一天一夜只能睡上三四点钟的觉。我能一口吞下去一顿饭,刚端起饭碗,不是师傅喊,就是师娘叫,要不然便是有照顾主儿来定活,我得恭而敬之的招待,并且细心听着师傅怎样论活讨价钱。不把饭整吞下去怎办呢?这种排练教我遇到什么苦处都能硬挺,外带着还是挺和气。读书的人,据我这粗人看,永远不会懂得这个。现在的洋学堂里开运动会,学生跑上两个圈就仿佛有了汗马功劳一般,喝!又是搀着,又是抱着,往大腿上拍火酒,还闹脾气,还坐汽车!这样的公子哥儿哪懂得什么叫作规矩,哪叫排练呢?话往回来说,我所受的苦处给我打下了作事任劳任怨的底子,我永远不肯闲着,作起活来永不晓得闹脾气,耍别扭,我能和大兵们一样受苦,而大兵们不能像我这么和气。

再拿件实事来证明这个吧:在我学成出师以后,我和别的耍手艺的一样,为表明自己是凭本事挣钱的人,第一我先买了根烟袋,只要一闲着便捻上一袋吧唧着,仿佛很有身份,慢慢的,我又学了喝酒,时常弄两盅猫尿咂着嘴儿抿几口。嗜好就怕开了头,会了一样就不难学第二样,反正都是个玩艺吧咧。这可也就出了毛病。我爱烟爱酒,原本不算什么稀奇的事,大家伙儿都差不多是这样。可是,我一来二去的学会了吃大烟。那个年月,鸦片烟不犯私,非常的便宜;我先是吸着玩,后来可就上了瘾。不久,我便觉出手紧来了,作事也不似先前那么上劲了。我并没等谁劝告我,不但戒了大烟,而且把旱烟袋也撅了,从此烟酒不动!我入了"理门"。入理门,烟酒都不准动;一旦破戒,必走背运。所以我不但戒了嗜好,而且入了理门;背运在那儿等着我,我怎肯再犯戒呢?这点心胸与硬气,如今想起来,还是由学徒得来的。多大的苦处我都能忍受。初一戒烟戒酒,看着别人吸,别人饮,多么难过呢!心里真像有一千条小虫爬挠那么痒痒触触的难过。但是我不能破戒,怕走背运。其实背运不背运的,都是日后的事,眼前的罪过可是不好受呀!硬挺,只有硬挺才能成功,怕走背运还在其次。我居然挺过来了,因为我学过徒,受过排练呀!

提到我的手艺来,我也觉得学徒三年的光阴并没白费了。凡是一门手艺,都得随时改良,方法是死的,运用可是活的。三十年前的瓦匠，讲究会磨砖对缝，作细工儿活；现在，他得会用洋灰和包镶人造石什么的。三十年前的木匠，讲究会雕花刻木。现在得会造洋式木器。我们这行也如此，不过比别的行业更活动。我们这行讲究看见什么就能糊什么。比方说，人家落了丧事，教我们糊一桌全席，我们就能糊出鸡鸭鱼肉来。赶上人家死了未出阁的姑娘，教我们糊一全份嫁妆，不管是四十八抬，还是三十二抬，我们便能由粉罐油瓶一直糊到衣橱穿衣镜。眼睛一看，手就能模仿下来，这是我们的本事。我们的本事不大，可是得有点聪明，一个心窟窿的人绝不会成个好裱糊匠。

这样，我们作活，一边工作也一边游戏，仿佛是。我们的成败全仗着怎么把各色的纸调动的合适，这是耍心路的事儿。以我自己说，我有点小聪明。在学徒时候所挨的打，很少是为学不上活来，而多半是因为我有聪明而好调皮不听话。我的聪明也许一点也显露不出来，假若我是去学打铁，或是拉大锯——老那么打，老那么拉，一点变动没有。幸而我学了裱糊匠，把基本的技能学会了以后，我便开始自出花样，怎么灵巧逼真我怎么作。有时候我白费了许多工夫与材料，而作不出我所想到的东西，可是这更教我加紧的去揣摸，去调动，非把它作成不可。这个，真是个好习惯。有聪明，而且知道用聪明，我必须感谢这三年的学徒，在这三年养成了我会用自己的聪明的习惯。诚然，我一辈子没作过大事，但是无论什么事，只要是平常人能作的，我一瞧就能明白个五六成。我会砌墙，栽树，修理钟表，看皮货的真假，合婚择日，知道五行八作的行话上诀窍……这些，我都没学过，只凭我的眼去看，我的手去试验；我有勤苦耐劳与多看多学的习惯；这个习惯是在冥衣铺学徒三年养成的。到如今我才明白过来——我已是快饿死的人了！——假若我多读上几年书，只抱着书本死啃，像那些秀才与学堂毕业的人们那样，我也许一辈子就糊糊涂涂的下去，而什么也不晓得呢！裱糊的手艺没有给我带来官职和财产，可是它让我活的很有趣；穷，但是有趣，有点人味儿。

刚二十多岁，我就成为亲友中的重要人物了。不因为我有钱与身份，而是因为我办事细心，不辞劳苦。自从出了师，我每天在街口的茶馆里等着同行的来约请帮忙。我成了街面上的人，年轻，利落，懂得场面。有人来约，我便去作活；没人来约，我也闲不住：亲友家许许多多的事都托咐我给办，我甚至于刚结过婚便给别人家作媒了。

给别人帮忙就等于消遣。我需要一些消遣。为什么呢？前面我已说过：我们这行有两种活，烧活和白活。作烧活是有趣而干净的，白活可就不然了。糊顶棚自然得先把旧纸撕下来，这可真够受的，没作过的人万也想不到顶棚上会能有那么多尘土，而且是日积月累攒下来的，比什么土都干、细，钻鼻子，撕完三间屋子的棚，我们就都成了土鬼。及至扎好了秫秸，糊新纸的时候，新银花纸的面子是又臭又挂鼻子。尘土与纸面子就能教人得痨病——现在叫作肺病。我不喜欢这种活儿。可是，在街上等工作，有人来约就不能拒绝，有什么活得干什么活。应下这种活儿，我差不多老在下边裁纸递纸抹浆糊，为的是可以不必上"交手"，而且可以低着头干活儿，少吃点土。就是这样，我也得弄一身灰，我的鼻子也得像烟筒。作完这么几天活，我愿意作点别的，变换变换。那么，有亲友托我办点什么，我是很乐意帮忙的。

再说呢，作烧活吧，作白活吧，这种工作老与人们的喜事或丧事有关系。熟人们找我定活，也往往就手儿托我去讲别项的事，如婚丧事的搭棚，讲执事，雇厨子，定车马等等。我在这些事儿中渐渐找出乐趣，晓得如何能捏住巧处，给亲友们既办得漂亮，又省些钱，不能窝窝囊囊的被人捉了"大头"。我在办这些事儿的时候，得到许多经验，明白了许多人情，久而久之，我成了个很精明的人，虽然还不到三十岁。

三

由前面所说过的去推测，谁也能看出来，我不能老靠着裱糊的手艺挣饭吃。像逛庙会忽然遇上雨似的，年头一变，大家就得往四散里跑。在我这一辈子里，我仿佛是走着下坡路，收不住脚。心里越盼着天下太平，身子越往下出溜。这次的变动，不使人缓气，一变好像就要变到底。这简直不是变动，而是一阵狂风，把人糊糊涂涂的刮得不知上哪里去了。在我小时候发财的行当与事情，许多许多都忽然走到绝处，永远不再见面，仿佛掉在了大海里头似的。裱糊这一行虽然到如今还阴死巴活的始终没完全断了气，可是大概也不会再有抬头的一日了。我老早的就看出这个来。在那太平的年月，假若我愿意的话，我满可以开个小铺，收两个徒弟，安安顿顿的混两顿饭吃。幸而我没那么办。一年得不到一笔大活，只仗着糊一辆车或两间屋子的顶棚什么的，怎能吃饭呢？睁开眼看看，这十几年了，可有过一笔体面的活？我得改行，我算是猜对了。

不过，这还不是我忽然改了行的唯一的原因。年头儿的改变不是个人所能抵抗的，胳臂扭不过大腿去，跟年头儿叫死劲简直是自己找别扭。可是，个人独有的事往往来得更厉害。它能马上教人疯了。去投河觅井都不算新奇，不用说把自己的行业放下，而去干些别的了。个人的事虽然很小，可是一加在个人身上便受不住；一个米粒很小，教蚂蚁去搬运便很费力气。个人的事也是如此。人活着是仗了一口气，多咱有点事儿，把这口气憋住，人就要抽风。人是多么小的玩艺儿呢！

我的精明与和气给我带来背运。乍一听这句话仿佛是不合情理，可是千真万确，一点儿不假，假若这要不落在我自己身上，我也许不大相信天下会有这宗事。它竟自找到了我；在当时，我差不多真成了个疯子。隔了这么二三十年，现在想起那回事儿来，我满可以微微一笑，仿佛想起一个故事来似的。现在我明白了个人的好处不必一定就有利于自己。一个人好，大家都好，这点好处才有用，正是如鱼得水。一个人好，而大家并不都好，个人的好处也许就是让他倒霉的祸根。精明和气有什么用呢！现在，我悟过这点理儿来，想起那件事不过点点头，笑一笑罢了。在当时，我可真有点咽不下去那口气。那时候我还很年轻啊。

哪个年轻的人不爱漂亮呢？在我年轻的时候，给人家行人情或办点事，我的打扮与气派谁也不敢说我是个手艺人。在早年间，皮货很贵，而且不准乱穿。如今晚的人，今天得了马票或奖券，明天就可以穿上狐皮大衣，不管是个十五岁的孩子还是二十岁还没刮过脸的小伙子。早年间可不行，年纪身份决定个人的服装打扮。那年月,在马褂或坎肩上安上一条灰鼠领子就仿佛是很漂亮阔气。我老安着这么条领子,马褂与坎肩都是青大缎的——那时候的缎子也不怎么那样结实,一件马褂至少也可以穿上十来年。在给人家糊棚顶的时候,我是个土鬼;回到家中一梳洗打扮,我立刻变成个漂亮小伙子。我不喜欢那个土鬼,所以更爱这个漂亮的青年。我的辫子又黑又长,脑门剃得锃光青亮,穿上带灰鼠领子的缎子坎肩,我的确像个"人儿"!

一个漂亮小伙子所最怕的恐怕就是娶个丑八怪似的老婆吧。我早已有意无意的向老人们透了个口话:不娶倒没什么,要娶就得来个够样儿的。那时候,自然还不时行自由婚,可是已有男女两造对相对看的办法。要结婚的话,我得自己去相看,不能马马虎虎就凭媒人的花言巧语。

二十岁那年,我结了婚,我的妻比我小一岁。把她放在哪里,她也得算个俏式利落的小媳妇;在定婚以前,我亲眼相看的呀。她美不美,我不敢说,我说她俏式利落,因为这四个字就是我择妻的标准;她要是不够这四个字的格儿,当初我决不会点头。在这四个字里很可以见出我自己是怎样的人来。那时候,我年轻,漂亮,作事麻利,所以我一定不能要个笨牛似的老婆。

这个婚姻不能说不是天配良缘。我俩都年轻,都利落,都个子不高;在亲友面前,我们像一对轻巧的陀螺似的,四面八方的转动,招得那年岁大些的人们眼中要笑出一朵花来。我俩竞争着去在大家面前显出个人的机警与口才,到处争强好胜,只为教人夸奖一声我们是一对最有出息的小夫妇。别人的夸奖增高了我俩彼此间的敬爱,颇有点英雄惜英

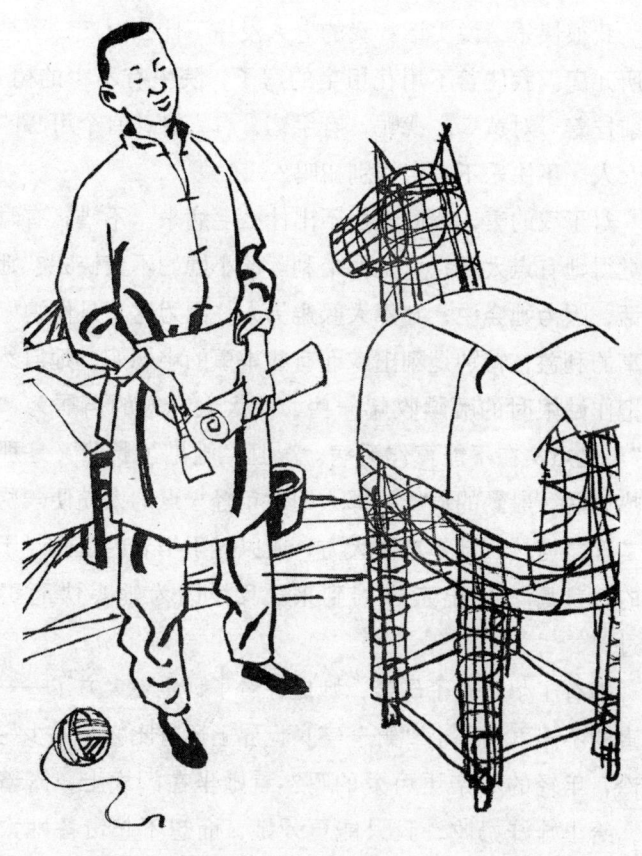

我学的是裱糊匠。

高荣生 插图

雄,好汉爱好汉的劲儿。

我很快乐,说实话:我的老人没挣下什么财产,可是有一所儿房。我住着不用花租金的房子,院中有不少的树木,檐前挂着一对黄鸟。我呢,有手艺,有人缘,有个可心的年轻女人。不快乐不是自找别扭吗?

对于我的妻,我简直找不出什么毛病来。不错,有时候我觉得她有点太野;可是哪个利落的小媳妇不爽快呢?她爱说话,因为她会说;她不大躲避男人,因为这正是作媳妇所应享的利益,特别是刚出嫁而有些本事的小媳妇,她自然愿意把作姑娘时的腼腆收起一些,而大大方方的自居为"媳妇"。这点实在不能算作毛病。况且,她见了长辈又是那么亲热体贴,殷勤的伺候,那么她对年轻一点的人随便一些也正是理之当然;她是爽快大方,所以对于年老的正像对于年少的,都愿表示出亲热周到来。我没因为她爽快而责备她过。

她有了孕,作了母亲,她更好看了,也更大方了——我简直的不忍再用那个"野"字!世界上还有比怀孕的少妇更可怜,年轻的母亲更可爱的吗?看她坐在门坎上,露着点胸,给小娃娃奶吃,我只能更爱她,而想不起责备她太不规矩。

到了二十四岁,我已有一儿一女。对于生儿养女,作丈夫的有什么功劳呢!赶上高兴,男子把娃娃抱起来,耍巴一回;其余的苦处全是女人的。我不是个糊涂人,不必等谁告诉我才能明白这个。真的,生小孩,养育小孩,男人有时候想去帮忙也归无用;不过,一个懂得点人事的人,自然该使作妻的痛快一些,自由一些;欺侮孕妇或一个年轻的母亲,

再一说呢,夫妇是树,儿女是花。

高荣生 插图

据我看，才真是混蛋呢！对于我的妻，自从有了小孩之后，我更放任了些；我认为这是当然的合理的。

再一说呢，夫妇是树，儿女是花；有了花的树才能显出根儿深。一切猜忌，不放心，都应该减少，或者完全消灭；小孩子会把母亲拴得结结实实的。所以，即使我觉得她有点野——真不愿用这个臭字——我也不能不放心了，她是个母亲呀。

四

直到如今，我还是不能明白那到底是怎么一回事。

我所不能明白的事也就是当时教我差点儿疯了的事，我的妻跟人家跑了。

我再说一遍，到如今我还不能明白那到底是怎回事。我不是个固执的人，因为我久在街面上，懂得人情，知道怎样找出自己的长处与短处。但是，对于这件事，我把自己的短处都找遍了，也找不出应当受这种耻辱与惩罚的地方来。所以，我只能说我的聪明与和气给我带来祸患，因为我实在找不出别的道理来。

我有位师哥，这位师哥也就是我的仇人。街口上，人们都管他叫作黑子，我也就还这么叫他吧；不便道出他的真名实姓来，虽然他是我的仇人。"黑子"，由于他的脸不白；不但不白，而且黑得特别，所以才有这个外号。他的脸真像个早年间人们揉的铁球，黑，可是非常的亮；黑，可是光润；黑，可是油光水滑的可爱。当他喝下两盅酒，或发热的时候，脸上红起来，就好像落太阳时的一些黑云，黑里透出一些红光。至于他的五官，简直没有什么好看的地方，我比他漂亮多了。他的身量很高，可也不见得怎么魁梧，高大而懈懈松松的。他所以不至教人讨厌他，总而言之，都仗着那一张发亮的黑脸。

我跟他是很好的朋友。他既是我的师哥，又那么傻大黑粗的，即使我不喜爱他，我也不能无缘无故的怀疑他。我的那点聪明不是给我预备着去猜疑人的；反之，我知道我的眼睛里不容砂子，所以我因信任自己而信任别人。我以为我的朋友都不至于偷偷的对我掏坏招数。一旦我认定谁是个可交的人，我便真拿他当个朋友看待。对于我这个师哥，即使他有可猜疑的地方，我也得敬重他，招待他，因为无论怎样，他到底是我的师哥呀。同是一门儿学出来的手艺，又同在一个街口上混饭吃，有活没活，一天至少也得见几面；对这么熟的人，我怎能不拿他当作个好朋友呢？有活，我们一同去作活；没活，他总是到我家来吃饭喝茶，有时候也摸几把索儿胡玩——那时候"麻将"还不十分时兴。我和蔼，他也不客气；遇到什么就吃什么，遇到什么就喝什么，我一向不特别为他预备什么，他也永远不挑剔。他吃的很多，可是不懂得挑食。看他端着大碗，跟着我们吃热汤儿面什么的，真是个痛快的事。他吃得四脖子汗流，嘴里西啦胡噜的响，脸上越来越红，慢慢的成了个半红的大煤球似的；谁能说这样的人能存着什么坏心眼儿呢！

一来二去，我由大家的眼神看出来天下并不很太平。可是，我并没有怎么往心里搁这回事。假若我是个糊涂人，只有一个心眼，大概对这种事不会不听见风就是雨，马上闹个天昏地暗，也许立刻把事情弄个水落石出，也许是望风捕影而弄一鼻子灰。我的心眼多，决不肯这么糊涂瞎闹，我得平心静气的想一想。

先想我自己，想不出我有什么不对的地方来，即使我有许多毛病，反正至少我比师哥漂亮，聪明，更像个人儿。

再看师哥吧，他的长像，行为，财力，都不能教他为非作歹，他不是那种一见面就教女人动心的人。

最后，我详详细细的为我的年轻的妻子想一想：她跟了我已经四五年，我俩在一处不算不快乐。即使她的快乐是假装的，而愿意去跟个她真喜爱的人——这在早年间几乎是不能有的——大概黑子也绝不会是这个人吧？他跟我都是手艺人，他的身份一点不比我高。同样，他不比我阔，不比我漂亮，不比我年轻；那么，她贪图的是什么呢？想不出。就满打说她是受了他的引诱而迷了心，可是他用什么引诱她呢，是那张黑脸，那点本事，那身衣裳，腰里那几吊钱？笑话！哼，我要是有意的话吗，我倒满可以去引诱引诱女人；虽然钱不多，至少我有个样子。黑子有什么呢？再说，就是说她一时迷了心窍，分别不出好歹来，难道她就肯舍得那两个小孩吗？

我不能信大家的话，不能立时疏远了黑子，也不能傻子似的去盘问她。我全想过了，一点缝子没有，我只能慢慢的等着大家明白过来他们是多虑。即使他们不是凭空造谣，我也得慢慢的察看，不能无缘无故的把自己，把朋友，把妻子，都卷在黑土里边。有点聪明的人作事不能鲁莽。

可是．不久，黑子和我的妻子都不见了。直到如今，我没再见过他俩。为什么她肯这么办呢？我非见着她，由她自己吐出实话,我不会明白。我自己的思想永远不够对付这件事的。

我真盼望能再见她一面,专为明白明白这件事。到如今我还是在个葫芦里。

当时我怎样难过,用不着我自己细说。谁也能想到,一个年轻漂亮的人,守着两个没了妈的小孩,在家里是怎样的难过;一个聪明规矩的人,最亲爱的妻子跟师哥跑了,在街面上是怎么难堪。同情我的人,有话说不出,不认识我的人,听到这件事,总不会责备我的师哥,而一直的管我叫"王八"。在咱们这讲孝悌忠信的社会里,人们很喜欢有个王八,好教大家有放手指头的准头。我的口闭上,我的牙咬住,我心中只有他们俩的影儿和一片血。不用教我见着他们,见着就是一刀,别的无须乎再说了。

在当时,我只想拚上这条命,才觉得有点人味儿。现在,事情过去这么多年了。我可以细细的想这件事在我这一辈子里的作用了。

我的嘴并没闲着,到处我打听黑子的消息。没用,他俩真像石沉大海一般。打听不着确实的消息,慢慢的我的怒气消散了一些;说也奇怪,怒气一消,我反倒可怜我的妻子。黑子不过是个手艺人,而这种手艺只能在京津一带大城里找到饭吃,乡间是不需要讲究的烧活的。那么,假若他俩是逃到远处去,他拿什么养活她呢?哼,假若他肯偷好朋友的妻子,难道他就不会把她卖掉吗?这个恐惧时常在我心中绕来绕去。我真希望她忽然逃回来,告诉我她怎样上了当,受了苦处;假若她真跪在我的面前,我想我不会不收下她的,一个心爱的女人,永远是心爱的,不管她作了什么错事。她没有回来,没有消息,我恨她一会儿,又可怜她一会儿,胡思乱想,我有时候整夜的不能睡。

过了一年多,我的这种乱想又轻淡了许多。是的,我这一辈子也不能忘了她,可是我不再为她思索什么了。我承认了这是一段千真万确的事实,不必为它多费心思了。

我到底怎样了呢?这倒是我所要说的,因为这件我永远猜不透的事在我这一辈子里实在是件极大的事。这件事好像是在梦中丢失了我最亲爱的人,一眨眼,她真的跑得无影无踪了。这个梦没法儿明白,可是它的真确劲儿是谁也受不了的。作过这么个梦的人,就是没有成疯子,也得大大的改变;他是丢失了半个命呀!

五

最初,我连屋门也不肯出,我怕见那个又明又暖的太阳。

顶难堪的是头一次上街:抬着头大大方方的走吧,准有人说我天生来的不知羞耻。低着头走,便是自己招认了脊背发软。怎么着也不对。我可是问心无愧,没作过一点对不起人的事。

我破了戒,又吸烟喝酒了。什么背运不背运的。有什么再比丢了老婆更倒霉的呢?我不求人家可怜我,也犯不上成心对谁耍刺儿,我独自吸烟喝酒,把委屈放在心里好了。再没有比不测的祸患更能扫除了迷信的;以前,我对什么神仙都不敢得罪;现在,我什么也不信,连活佛也不信了。迷信，我咂摸出来，是盼望得点意外的好处；赶到遇上意外的难处，你就什么也不盼望，自然也不迷信了。我把财神和灶王的龛——我亲手糊的——都烧了。亲友中很有些人说我成了二毛子的。什么二毛子三毛子的，我再不给谁磕头。人若是不可靠，神仙就更没准儿了。

我并没变成忧郁的人。这种事本来是可以把人愁死的，可是我没往死牛犄角里钻。我原是个活泼的人，好吧，我要打算活下去，就得别丢了我的活泼劲儿。不错，意外的大祸往往能忽然把一个人的习惯与脾气改变了；可是我决定要保持住我的活泼。我吸烟，喝酒，不再信神佛，不过都是些使我活泼的方法。不管我是真乐还是假乐，我乐！在我学艺的时候，我就会这一招，经过这次的变动，我更必须这样了。现在，我已快饿死了，我还是笑着，连我自己也说不清这是真的还是假的笑，反正我笑，多咱死了多咱我并上嘴。从那件事发生了以后，直到如今，我始终还是个有用的人，热心的人，可是我心中有了个空儿。这个空儿是那件不幸的事给我留下的，像墙上中了枪弹，老有个小窟窿似的。我有用，我热心，我爱给人家帮忙，但是不幸而事情没办到好处，或者想不到的扎手，我不着急，也不动气，因为我心中有个空儿。这个空儿会教我在极热心的时候冷静，极欢喜的时候有点悲哀，我的笑常常和泪碰在一起，而分不清哪个是哪个。

这些，都是我心里头的变动，我自己要是不说——自然连我自己也说不大完全——大概别人无从猜到。在我的生活上，也有了变动，这是人人能看到的。我改了行，不再当裱糊匠，我没脸再上街口去等生意，同行的人，认识我的，也必认识黑子；他们只须多看我几眼，我就没法再咽下饭去。

在那报纸还不大时行的年月，人们的眼睛是比新闻还要厉害的。现在，离婚都可以上衙门去明说明讲，早年间男女的事儿可不能这么随便。我把同行中的朋友全放下了，连我的师傅师母都懒得去看，我仿佛是要由这个世界一脚跳到另一个世界去。这样，我觉得我才能独自把那桩事关在心里头。年头的改变教裱糊匠们的活路越来越狭，但是要不是那回事，我也不会改行改得这么快，这么干脆。放弃了手艺，没什么可惜；可是这么放弃了手艺，我也不会感谢"那"回事儿！不管怎说吧，我改了行，这是个显然的变动。

决定扔下手艺可不就是我准知道应该干什么去。我得去乱碰，像一支空船浮在水面上，浪头是它的指南针。在前面我已经说过，我认识字，还能抄抄写写，很够当个小差事的。再说呢，当差是个体面的事，我这丢了老婆的人若能当上差，不用说那必能把我的名誉恢复了一些。现在想起来，这个想法真有点可笑；在当时我可是诚心的相信这是最高明的办法。"八"字还没有一撇儿，我觉得很高兴，仿佛我已经很有把握，既得到差事，又能恢复了名誉。我的头又抬得很高了。

哼！手艺是三年可以学成的；差事，也许要三十年才能得上吧！一个钉子跟着一个钉子，都预备着给我碰呢！我说我识字，哼！敢情有好些个能整本背书的人还挨饿呢。我说我会写字，敢情会写字的绝不算出奇呢。我把自己看得太高了。可是，我又亲眼看见，那作着很大的官儿的，一天到晚山珍海味的吃着，连自己的姓都不大认得。那么，是不是我的学问又太大了，而超过了作官所需要的呢？我这个聪明人也没法儿不显着糊涂了。

慢慢的，我明白过来。原来差事不是给本事预备着的，想做官第一得有人。这简直没了我的事，不管我有多么大的本事。我自己是个手艺人，所认识的也是手艺人；我爸爸呢，又是个白丁，虽然是很有本事与品行的白丁。我上哪里去找差事当呢？

事情要是逼着一个人走上哪条道儿，他就非去不可，就像火车一样，轨道已摆好，照着走就是了，一出花样准得翻车！我也是如此。决定扔下了手艺，而得不到个差事，我又不能老这么闲着。好啦，我的面前已摆好了铁轨，只准上前，不许退后。

我当了巡警。

巡警和洋车是大城里头给苦人们安好的两条火车道。大字不识而什么手艺也没有的，只好去拉车。拉车不用什么本钱，肯出汗就能吃窝窝头。识几个字而好体面的，有手艺而挣不上饭的，只好去当巡警；别的先不提，挑巡警用不着多大的人情，而且一挑上先有身制服穿着，六块钱拿着；好歹是个差事。除了这条道，我简直无路可走。我既没混到必须拉车去的地步，又没有作高官的舅舅或姐丈，巡警正好不高不低，只要我肯，就能穿上一身铜钮子的制服。当兵比当巡警有起色，即使熬不上军官，至少能有抢劫些东西的机会。可是，我不能去当兵，我家中还有俩没娘的小孩呀。当兵要野，当巡警要文明；换句话说，当兵有发邪财的机会，当巡警是穷而文明一辈子；穷得要命，文明得稀松！

以后这五六十年的经验，我敢说这么一句：真会办事的人，到时候才说话，爱张罗办事的人——像我自己——没话也找话说。我的嘴老不肯闲着，对什么事我都有一片说词，对什么人我都想很恰当的给起个外号。我受了报应：第一件事，我丢了老婆，把我的嘴封起来一二年！第二件是我当了巡警。在我还没当上这个差事的时候，我管巡警们叫作"马路行走"，"避风阁大学士"和"臭脚巡"。这些无非都是说巡警们的差事只是站马路。无事忙，跑臭脚。哼！我自己当上"臭脚巡"了！生命简直就是自己和自己开玩笑，一点不假！我自己打了自己的嘴巴，可并不因为我作了什么缺德的事；至多也不过爱多说几句玩笑话罢了。在这里，我认识了生命的严肃，连句玩笑话都说不得的！好在，我心中有个空儿；我怎么叫别人"臭脚巡"，也照样叫自己。这在早年间叫作"抹稀泥"，现在的新名词应叫着什么，我还没能打听出来。

我没法不去当巡警，可是真觉得有点委屈。是呀，我没有什么出众的本事，但是论街面上的事，我敢说我比谁知道的也不少。巡警不是管街面上的事情吗？那么，请看看那些警官儿吧：有的连本地的话都说不上来，二加二是四还是五都得想半天。哼！他是官，我可是"招募警"；他的一双皮鞋够开我半年的饷！他什么经验与本事也没有，可是他作官。这样的官儿多了去啦！上哪儿讲理去呢？记得有位教官，头一天教我们操法的时候，忘了叫"立正"，而叫了"闸住"。用不着打听，这位大爷一定是拉洋车出身。有人情就行，今天你拉车，明天你姑父作了什么官儿，你就可以弄个教官当当；叫"闸住"也没关系，谁敢笑教官一声呢！这样的自然是不多，可是有这么一位教官，也就可以教人想到巡警的操法是怎么稀松二五眼了。内堂的功课自然绝不是这样教官所能担任的，因为至少得认识些个字才能"虎"得下来。我们的内堂的教官大概可以分为两种：一种是老人儿们，多数都有口鸦片烟瘾；他们要是能讲明白一样东西，就凭他们那点人情，大概早就作上大官儿了；唯其什么也讲不明白，所以才来作教官。另一种是年轻的小伙子们，讲的都是洋事，什么东洋巡警怎么样，什么法国违警律如何，仿佛我们都是洋鬼子。这种讲法有个好处，就是他们信口开河瞎扯，我们一边打盹一边听着，谁也不准知道东洋和法国是什么样儿，可不就随他的便说吧。我满可以编一套美国的事讲给大家听，可惜我不是教官罢了。这群年轻的小人们真懂外国事儿不懂，无从知道；反正我准知道他们一点中国事儿也不晓得。这两种教官的年纪上学问上都不同，可是他们有个相同的地方，就是他们都高不成低不就，所以对对付付的只能作教官。他们的人情真不小，可是本事太差，所以来教一群为六块洋钱而一声不敢出的巡警就最合适。

教官如此，别的警官也差不多是这样。想想：谁要是能去作一任知县或税局局长，谁肯来作警官呢？前面我已交代过了，当巡警是高不成低不就，不得已而为之。警官也是这样。这群人由上至下全是"狗熊要扁担，混碗儿饭吃"。不过呢，巡警一天到晚在街面上，不论怎样抹稀泥，多少得能说会道，见机而作，把大事化小，小事化无；既不多给官面上惹麻烦，又让大家都过得去；真的吧假的吧，这总得算点本事。而作警官的呢，就连这点本事似乎也不必有。阎王好作，小鬼难当，诚然！

巡警一天到晚在街面上，不论怎样抹稀泥，多少得能说会道，见机而作，把大事化小，小事化无。

高荣生　插图

六

我再多说几句，或者就没人再说我太狂傲无知了。我说我觉得委屈，真是实话；请看吧：一月挣六块钱，这跟当仆人的一样，而没有仆人们那些"外找儿"；死挣六块钱，就凭这么个大人——腰板挺直，样子漂亮，年轻力壮，能说会道，还得识文断字！这一大堆资格，一共值六块钱！

六块钱饷粮，扣去三块半钱的伙食，还得扣去什么人情公议儿，净剩也就是两块上下钱吧。衣服自然是可以穿官发的，可是到休息的时候，谁肯还穿着制服回家呢；那么，不作不作也得有件大褂什么的。要是把钱作了大褂，一个月就算白混。再说，谁没有家呢？父母——噢，先别提父母吧！就说一夫一妻吧：至少得赁一间房，得有老婆的吃，喝，穿。就凭那两块大洋！谁也不许生病，不许生小孩，不许吸烟，不许吃点零碎东西；连这么着，月月还不够嚼谷！

我就不明白为什么肯有人把姑娘嫁给当巡警的，虽然我常给同事的做媒。当我一到女家提说的时候，人家总对我一撇嘴，虽不明说，但是意思很明显，"哼！当巡警的！"可是我不怕这一撇嘴，因为十回倒有九回是撇完嘴而点了头。难道是世界上的姑娘太多了吗？我不知道。

由哪面儿看，巡警都活该是鼓着腮梆子充胖子而教人哭不得笑不得的。穿起制服来，干净利落，又体面又威风，车马行人，打架吵嘴，都由他管着。他这是差事；可是他一月除了吃饭，净剩两块来钱。他自己也知道中气不足，可是不能不硬挺着腰板,到时候他得娶妻生子,还是仗着那两块来钱。提婚的时候,头一句是说:"小人呀当差!"当差的底下还有什么呢?没人愿意细问,一问就糟到底。

是的,巡警们都知道自己怎样的委屈,可是风里雨里他得去巡街下夜,一点懒儿不敢偷;一偷懒就有被开除的危险;他委屈,可不敢抱怨,他劳苦,可不敢偷闲,他知道自己在这里混不出来什么,而不敢冒险搁下差事。这点差事扔了可惜,作着又没劲;这些人也就人儿似的先混过一天是一天,在没劲中要露出劲儿来,像打太极拳似的。

世上为什么应当有这种差事,和为什么有这样多肯作这种差事的人?我想不出来。假若下辈子我再托生为人,而且忘了喝迷魂汤,还记得这一辈子的事,我必定要扯着脖子去喊:这玩艺儿整个的是丢人,是欺骗,是杀人不流血!现在,我老了,快饿死了,连喊这么几句也顾不及了,我还得先为下顿的窝窝头着忙呀!

自然在我初当差的时候,我并没有一下子就把这些都看清楚了,谁也没有那么聪明。反之,一上手当差我倒觉出点高兴来:穿上整齐的制服,靴帽,的确我是漂亮精神,而且心里说:好吧歹吧,这是个差事;凭我的聪明与本事,不久我必有个升腾。我很留神看巡长巡官们制服上的铜星与金道,而想象着我将来也能那样。我一点也没想到那铜星与金道并不按着聪明与本事颁给人们呀。

新鲜劲儿刚一过去,我已经讨厌那身制服了。它不教任何人尊敬,而只能告诉人:"臭脚巡"来了!拿制服的本身说,它也很讨厌:夏天它就像牛皮似的,把人闷得满身臭汗;冬天呢,它一点也不像牛皮了,而倒像是纸糊的;它不许谁在里边多穿一点衣服，只好任着狂风由胸口钻进来，由脊背钻出去，整打个穿堂！再看那双皮鞋，冬冷夏热，永远不教脚舒服一会儿；穿单袜的时候，它好像是两大篓子似的，脚指脚踵都在里边乱抓弄，而始终找不到鞋在哪里；到穿棉袜的时候，它们忽然变得很紧，不许棉袜与脚一齐伸进去。有多少人因包办制服皮鞋而发了财，我不知道，我只知道我的脚永远烂着，夏天闹湿气，冬天闹冻疮。自然，烂脚也得照常的去巡街站岗，要不然就别挣那六块洋钱！多么热，或多么冷，别人都可以找地方去躲一躲，连洋车夫都可以自由的歇半天，巡警得去巡街，得去站岗，热死冻死都活该，那六块现大洋买着你的命呢！

记得在哪儿看见过这么一句：食不饱，力不足。不管这句在原地方讲的是什么吧，反正拿来形容巡警是没有多大错儿的。最可怜，又可笑的是我们既吃不饱，还得挺着劲儿，站在街上得像个样子！要饭的花子有时不饿也弯着腰，假充饿了三天三夜；反之，巡警却不饱也得鼓起肚皮，假装刚吃完三大碗鸡丝面似的。花子装饿倒有点道理，我可就是想不出巡警假装酒足饭饱有什么理由来，我只觉得这真可笑。

人们都不满意巡警的对付事，抹稀泥。哼！抹稀泥自有它的理由。不过，在细说这个道理之前，我愿先说件极可怕的事。有了这件可怕的事，我再反回头来细说那些理由，仿佛就更顺当，更生动。好！就这样办啦。

七

应当有月亮,可是教黑云给遮住了,处处都很黑。我正在个僻静的地方巡夜。我的鞋上钉着铁掌,那时候每个巡警又须带着一把东洋刀,四下里鸦雀无声,听着我自己的铁掌与佩刀的声响,我感到寂寞无聊,而且几乎有点害怕。眼前忽然跑过一只猫,或忽然听见一声鸟叫,都教我觉得不是味儿,勉强着挺起胸来,可是心中总空空虚虚的,仿佛将有些什么不幸的事情在前面等着我。不完全是害怕,又不完全气粗胆壮,就那么怪不得劲的,手心上出了点凉汗。平日,我很有点胆量,什么看守死尸,什么独自看管一所脏房,都算不了一回事。不知为什么这一晚上我这样胆虚,心里越要耻笑自己,便越觉得不定哪里藏着点危险。我不便放快了脚步,可是心中急切的希望快回去,回到那有灯光与朋友的地方去。

忽然,我听见一排枪!我立定了,胆子反倒壮起来一点;真正的危险似乎倒可以治好了胆虚,惊疑不定才是恐惧的根源。我听着,像夜行的马竖起耳朵那样。又一排枪,又一排枪!没声了,我等着,听着,静寂得难堪。像看见闪电而等着雷声那样,我的心跳得很快。拍,拍,拍,拍,四面八方都响起来了!

我的胆气又渐渐的往下低落了。一排枪,我壮起气来;枪声太多了,真遇到危险了;我是个人,人怕死;我忽然的跑起来,跑了几步,猛的又立住,听一听,枪声越来越密,看不见什么,四下漆黑,只有枪声,不知为什么,不知在哪里，黑暗里只有我一个人，听着远处的枪响。往哪里跑？到底是什么事？应当想一想，又顾不得想；胆大也没用，没有主意就不会有胆量。还是跑吧，糊涂的乱动，总比呆立哆嗦着强。我跑，狂跑，手紧紧的握住佩刀。像受了惊的猫狗，不必想也知道往家里跑。我已忘了我是巡警，我得先回家看看我那没娘的孩子去，要是死就死在一处！

要跑到家，我得穿过好几条大街。刚到了头一条大街，我就晓得不容易再跑了。街上黑黑忽忽的人影，跑得很快，随跑随着放枪。兵！我知道那是些辫子兵。而我才刚剪了发不多日子。我很后悔我没像别人那样把头发盘起来，而是连根儿烂真正剪去了辫子。假若我能马上放下辫子来，虽然这些兵们平素很讨厌巡警，可是因为我有辫子或者不至于把枪口冲着我来。在他们眼中，没有辫子便是二毛子，该杀。我没有了这么条宝贝！我不敢再动，只能藏在黑影里，看事行事。兵们在路上跑，一队跟着一队，枪声不停。我不晓得他们是干什么呢？待一会儿，兵们好像是都过去了，我往外探了探头，见外面没有什么动静，我就像一只夜鸟儿似的飞过了马路，到了街的另一边。在这极快的穿过马路的一会儿里，我的眼梢撩着一点红光。十字街头起了火。我还藏在黑影里，不久，火光远远的照亮了一片；再探头往外看，我已可以影影抄抄的看到十字街口，所有四面把角的铺户已全烧起来，火影中那些兵们来回的奔跑，放着枪。我明白了，这是兵变。不久，火光更多了，一处接着一处，由光亮的距离我可以断定：凡是附近的十字口与丁字街全烧了起来。

说句该挨嘴巴的话，火是真好看！远处，漆黑的天上，忽然一白，紧跟着又黑了。忽然又一白，猛的冒起一个红团，有一块天像烧红的铁板，红得可怕。在红光里看见了多少股黑烟，和火舌们高低不齐的往上冒，一会儿烟遮住了火苗；一会儿火苗冲破了黑烟。黑烟滚着，转着，千变万化的往上升，凝成一片，罩住下面的火光，像浓雾掩住了夕阳。待一会儿，火光明亮了一些，烟也改成灰白色儿，纯净，旺炽，火苗不多，而光亮结成一片，照明了半个天。那近处的，烟与火中带着种种的响声，烟往高处起，火往四下里奔；烟像些丑恶的黑龙，火像些乱长乱钻的红铁笋。烟裹着火，火裹着烟，卷起多高，忽然离散，黑烟里落下无数的火花，或者三五个极大的火团。火花火团落下，烟像痛快轻松了一些，翻滚着向上冒。火团下降，在半空中遇到下面的火柱，又狂喜的往上跳跃，炸出无数火花。火团远落，遇到可以燃烧的东西，整个的再点起一把新火，新烟掩住旧火，一时变为黑暗；新火冲出了黑烟，与旧火联成一气，处处是火舌，火柱，飞舞，吐动，摇摆，颠狂。忽然哗啦一声，一架房倒下去，火星，焦炭，尘土，白烟，一齐飞扬，火苗压在下面，一齐在底下往横里吐射，像千百条探头吐舌的火蛇。静寂，静寂，火蛇慢慢的，忍耐的，往上翻。绕到上边来，与高处的火接到一处，通明，纯亮，忽忽的响着，要把人的心全照亮了似的。

我看着，不，不但看着，我还闻着呢！在种种不同的味道里，我咂摸着：这是那个金匾黑字的绸缎庄，那是那个山西人开的油酒店。由这些味道，我认识了那些不同的火团，轻而高飞的一定是茶叶铺的，迟笨黑暗的一定是布店的。这些买卖都不是我的，可是我都认得，闻着它们火葬的气味，看着它们火团的起落，我说不上来心中怎样难过。

我看着，闻着，难过，我忘了自己的危险，我仿佛是个不懂事的小孩，只顾了看热闹，而忘了别的一切。我的牙打得很响，不是为自己害怕，而是对这奇惨的美丽动了心。

回家是没希望了。我不知道街上一共有多少兵，可是由各处的火光猜度起来，大概是热闹的街口都有他们。他们的目的是抢劫，可是顺着手儿已经烧了这么多铺户，焉知不就棍打腿的杀些人玩玩呢？我这剪了发的巡警在他们眼中还不和个臭虫一样，只须一搂枪机就完了，并不费多少事。

想到这个，我打算回到"区"里去，"区"离我不算远，只须再过一条街就行了。可是，连这个也太晚了。当枪声初起的时候，连贫带富，家家关了门；街上除了那些横行的兵们，简直成了个死城。及至火一起来，铺户里的人们开始在火影里奔走，胆大一些的立在街旁，看着自己的或别人的店铺燃烧，没人敢去救火，可也舍不得走开，只那么一声不出的看着火苗乱窜。胆小一些的呢，争着往胡同里藏躲，三五成群的藏在巷内，不时向街上探探头，没人出声，大家都哆嗦着。火越烧越旺了，枪声慢慢的稀少下来，胡同里的住户仿佛已猜到是怎么一回事，最先是有人开门向外望望，然后有人试着步往街上走。街上，只有火光人影，没有巡警，被兵们抢过的当铺与首饰店全大敞着门！……这样的街市教人们害怕，同时也教人们胆大起来；一条没有巡警的街正像是没有老师的学房，多么老实的孩子也要闹哄闹哄。一家开门，家家开门，街上人多起来；铺户已有被抢过的了，跟着抢吧！平日，谁能想到那些良善守法的人民会去抢劫呢？哼！机会一到，人们立刻显露了原形。说声抢，壮实的小伙子们首先进了当铺，金店，钟表行。男人们回去一趟，第二

平日，谁能想到那些良善守法的人民会去抢劫呢？

高荣生 插图

趟出来已搀夹上女人和孩子们。被兵们抢过的铺子自然不必费事，进去随便拿就是了；可是紧跟着那些尚未被抢过的铺户的门也拦不住谁了。粮食店，茶叶铺，百货店，什么东西也是好的，门板一律砸开。我一辈子只看见了这么一回大热闹：男女老幼喊着叫着，狂跑着，拥挤着，争吵着，砸门的砸门，喊叫的喊叫，嗑喳！门板倒下去，一窝蜂似的跑进去，乱挤乱抓，压倒在地的狂号，身体利落的往柜台上蹿，全红着眼，全拚着命，全奋勇前进，挤成一团。倒成一片，散走全街。背着，抱着，扛着，曳着，像一片战胜的蚂蚁，昂首疾走，去而复归，呼妻唤子，前呼后应。

苦人当然出来了，哼！那中等人家也不甘落后呀！

贵重的东西先搬完了，煤米柴炭是第二拨。有的整坛的搬着香油，有的独自扛着两口袋面，瓶子罐子碎了一街，米面洒满了便道，抢啊！抢啊！抢啊！谁都恨自己只长了一双手，谁都嫌自己的腿脚太慢；有的人会推着一坛子白糖，连人带坛在地上滚，像屎壳郎推着个大粪球。

强中自有强中手，人是到处会用脑子的！有人拿出切菜刀来了，立在巷口等着："放下！"刀晃了晃。口袋或衣服，放下了；安然的，不费力的，拿回家去。"放下！"不灵验，刀下去了，把面口袋砍破，下了一阵小雪，二人滚在一团。过路的急走，稍带着说了句："打什么，有的是东西！"两位明白过来，立起来向街头跑去。抢啊，抢啊！有的是东西！

我挤在了一群买卖人的中间，藏在黑影里。我并没说什么，他们似乎很明白我的困难，大家一声不出，而紧紧的把我包围住。不要说我还是个巡警，连他们买卖人也不敢抬起头来。他们无法去保护他们的财产与货物，谁敢出头抵抗谁就是不要命，兵们有枪，人民也有切菜刀呀！是的，他们低着头，好像倒怪羞惭似的。他们唯恐和抢劫的人们——也就是他们平日的照顾主儿——对了脸，羞恼成怒，在这没有王法的时候，杀几个买卖人总不算一回事呢！所以，他们也保护着我。想想看吧，这一带的居民大概不会不认识我吧！我三天两头的到这里来巡逻。平日，他们在墙根撒尿，我都要讨他们的厌，上前干涉；他们怎能不恨恶我呢！现在大家正在兴高采烈的白拿东西，要是遇见我，他们一人给我一砖头，我也就活不成了。即使他们不认识我，反正我是穿着制服，佩着东洋刀呀！在这个局面下，冒而咕咚的出来个巡警，够多么不合适呢！我满可以上前去道歉，说我不该这么冒失，他们能白白的饶了我吗？

街上忽然清静了一些，便道上的人纷纷往胡同里跑，马路当中走着七零八散的兵，都走得很慢；我摘下帽子，从一个学徒的肩上往外看了一眼，看见一位兵士，手里提着一串东西，像一串儿螃蟹似的。我能想到那是一串金银的镯子。他身上还有多少东西，不晓得，不过一定有许多硬货，因为他走得很慢。多么自然，多么可羡慕呢！自自然然的，提着一串镯子，在马路中心缓缓的走，有烧亮的铺户作着巨大的火把，给他们照亮了全城！

兵过去了，人们又由胡同里钻出来。东西已抢得差不多了，大家开始搬铺户的门板，有的去摘门上的匾额。我在报纸上常看见"彻底"这两个字，咱们的良民们打抢的时候才真正彻底呢！

这时候，铺户的人们才有出头喊叫的："救火呀！救火呀！别等着烧净了呀！"喊得教人一听见就要落泪！我身旁

我拉住了一个屠户！他脱给了我那件满是猪油的大衫。

高荣生 插图

的人们开始活动。我怎么办呢?他们要是都去救火,剩下我这一个巡警,往哪儿跑呢?我拉住了一个屠户!他脱给了我那件满是猪油的大衫。把帽子夹在夹肢窝底下。一手握着佩刀,一手揪着大襟,我擦着墙根,逃回"区"里去。

八

我没去抢,人家所抢的又不是我的东西,这回事简直可以说和我不相干。可是,我看见了,也就明白了。明白了什么?我不会干脆的,恰当的,用一半句话说出来;我明白了点什么意思,这点意思教我几乎改变了点脾气。丢老婆是一件永远忘不了的事,现在它有了伴儿,我也永远忘不了这次的兵变。丢老婆是我自己的事,只须记在我的心里,用不着把家事国事天下事全拉扯上。这次的变乱是多少万人的事,只要我想一想,我便想到大家,想到全城,简直的我可以用这回事去断定许多的大事,就好像报纸上那样谈论这个问题那个问题似的。对了,我找到了一句漂亮的了。这件事教我看出一点意思,由这点意思我哑摸着许多问题。不管别人听得懂这句与否,我可真觉得它不坏。

我说过了:自从我的妻潜逃之后,我心中有了个空儿。经过这回兵变,那个空儿更大了一些,松松通通的能容下许多玩艺儿。还接着说兵变的事吧!把它说完全了,你也就可以明白我心中的空儿为什么大起来了。

当我回到宿舍的时候,大家还全没睡呢。不睡是当然的,可是,大家一点也不显着着急或恐慌,吸烟的吸烟,喝茶的喝茶，就好像有红白事熬夜那样。我的狼狈的样子，不但没引起大家的同情，倒招得他们直笑。我本排着一肚子话要向大家说，一看这个样子也就不必再言语了。我想去睡，可是被排长给拦住了："别睡！待一会儿，天一亮，咱们全得出去弹压地面！"这该轮到我发笑了；街上烧抢到那个样子，并不见一个巡警，等到天亮再去弹压地面，岂不是天大的笑话！命令是命令，我只好等到天亮吧！

还没到天亮，我已经打听出来：原来高级警官们都预先知道兵变的事儿，可是不便于告诉下级警官和巡警们。这就是说，兵变是警察们管不了的事，要变就变吧；下级警官和巡警们呢，夜间糊糊涂涂的照常去巡逻站岗，是生是死随他们去！这个主意够多么活动而毒辣呢！再看巡警们呢，全和我自己一样，听见枪声就往回跑，谁也不傻。这样巡警正好对得起这样警官，自上而下全是瞎打混的当"差事"，一点不假！

虽然很要困，我可是急于想到街上去看看，夜间那一些情景还都在我的心里，我愿白天再去看一眼，好比较比较，教我心中这张画儿有头有尾。天亮得似乎很慢，也许是我心中太急。天到底慢慢的亮起来，我们排上队。我又要笑，有的人居然把盘起来的辫子梳好了放下来，巡长们也作为没看见。有的人在快要排队的时候，还细细刷了刷制服，用布擦亮了皮鞋！街上有那么大的损失，还有人顾得擦亮了鞋呢。我怎能不笑呢！

到了街上，我无论如何也笑不出了！从前，我没真明白过什么叫作"惨"，这回才真晓得了。天上还有几颗懒得下去的大星，云色在灰白中稍微带出些蓝，清凉，暗淡。到处是焦糊的气味，空中游动着一些白烟。铺户全敞着门，没有一个整窗子，大人和小徒弟都在门口，或坐或立，谁也不出声，也不动手收拾什么，像一群没有主儿的傻羊。火已经停止住延烧，可是已被烧残的地方还静静的冒着白烟，吐着细小而明亮的火苗。微风一吹，那烧焦的房柱忽然又亮起来，顺着风摆开一些小火旗。最初起火的几家已成了几个巨大的焦土堆，山墙没有倒，空空的围抱着几座冒烟的坟头。最后燃烧的地方还都立着，墙与前脸全没塌倒，可是门窗一律烧掉，成了些黑洞。有一只猫还在这样的一家门口坐着，被烟熏的连连打嚏，可是还不肯离开那里。

平日最热闹体面的街口变成了一片焦木头破瓦，成群的焦柱静静的立着，东西南北都是这样，懒懒的，无聊的，欲罢不能的冒着些烟。地狱什么样？我不知道。大概这就差不多吧！我一低头，便想起往日街头上的景象，那些体面的铺户是多么华丽可爱。一抬头，眼前只剩了焦糊的那么一片。心中记得的景象与眼前看见的忽然碰到一处，碰出一些泪来。这就叫作"惨"吧？火场外有许多买卖人与学徒们呆呆的立着，手揣在袖里，对着残火发愣。遇见我们，他们只淡淡的看那么一眼，没有任何别的表示，仿佛他们已绝了望，用不着再动什么感情。

过了这一带火场，铺户全敞着门窗，没有一点动静，便道上马路上全是破碎的东西，比那火场更加凄惨。火场的样子教人一看便知道那是遭了火灾，这一片破碎静寂的铺户与东西使人莫名其妙，不晓得为什么繁华的街市会忽然变成绝大的垃圾堆。我就被派在这里站岗。我的责任是什么呢？不知道。我规规矩矩的立在那里，连动也不敢动，这破烂的街市仿佛有一股凉气，把我吸住。一些妇女和小孩子还在铺子外边拾取一些破东西，铺子的人不作声，我也不便去管；我觉得站在那里简直是多此一举。

太阳出来，街上显着更破了，像阳光下的叫化子那么丑陋。地上的每一个小物件都露出颜色与形状来，花哨的奇怪，杂乱得使人憋气。没有一个卖菜的，赶早市的，卖早点心的，没有一辆洋车，一匹马，整个的街上就是那么破破烂烂，冷冷清清，连刚出来的太阳都仿佛垂头丧气不大起劲，空空洞洞的悬在天上。一个邮差从我身旁走过去，低着头，身后扯着一条长影。我哆嗦了一下。

待了一会儿，段上的巡官下来了。他身后跟着一名巡警，两人都非常的精神在马路当中当当的走，好像得了什么喜事似的。巡官告诉我：注意街上的秩序，大令已经下来了！我行了礼，莫名其妙他说的是什么？那名巡警似乎看出来我的傻气，低声找补了一句：赶开那些拾东西的，大令下来了！我没心思去执行，可是不敢公然违抗命令，我走到铺户外边，向那些妇人孩子们摆了摆手，我说不出话来！

一边这样维持秩序，我一边往猪肉铺走，为是说一声，那件大褂等我给洗好了再送来。屠户在小肉铺门口坐着呢，我没想到这样的小铺也会遭抢，可是竟自成个空铺子了。我说了句什么，屠户连头也没抬。我往铺子里望了望：大小肉墩子，肉钩子，钱筒子，油盘，凡是能拿走的吧，都被人家拿走了，只剩下了柜台和架肉案子的土台！

我又回到岗位，我的头痛得要裂。要是老教我看着这条街，我知道不久就会疯了。

大令真到了。十二名兵，一个长官，捧着就地正法的令牌，枪全上着刺刀。噢！原来还是辫子兵啊！他们抢完烧完，再出来就地正法别人；什么玩艺呢？我还得给令牌行礼呀！

行完礼，我急快往四下里看，看看还有没有捡拾零碎东西的人，好警告他们一声。连屠户的木墩都搬了走的人民，本来值不得同情；可是被辫子兵们杀掉，似乎又太冤枉。

说时迟，那时快，一个十四五岁的男孩子没有走脱。枪刺围住了他，他手中还攥住一块木板与一只旧鞋。拉倒了，大刀亮出来，孩子喊了声"妈！"血溅出去多远，身子还抽动，头已悬在电线杆子上！

我连吐口唾沫的力量都没有了，天地都在我眼前翻转。

杀人，看见过，我不怕。我是不平！我是不平！请记住这句，这就是前面所说过的，"我看出一点意思"的那点意思。想想看，把整串的金银镯子提回营去，而后出来杀个拾了双破鞋的孩子，还说就地正"法"呢！天下要有这个"法"，我×"法"的亲娘祖奶奶！请原谅我的嘴这么野，但是这种事恐怕也不大文明吧？

事后，我听人家说，这次的兵变是有什么政治作用，所以打抢的兵在事后还出来弹压地面。连头带尾，一切都是预先想好了的。什么政治作用？咱不懂！咱只想再骂街。可是，就凭咱这么个"臭脚巡"，骂街又有什么用呢！

说时迟，那时快，一个十四五岁的男孩子没有走脱。

高荣生 插图

九

简直我不愿再提这回事了,不过为圆上场面,我总得把问题提出来;提出来放在这里,比我聪明的人有的是,让他们自己去细咂摸吧!

怎么会"政治作用"里有兵变?

若是有意教兵来抢,当初干吗要巡警?

巡警到底是干吗的?是只管在街上小便的,而不管抢铺子的吗?

安善良民要是会打抢,巡警干吗去专拿小偷?

人们到底愿意要巡警不愿意?不愿意吧!为什么刚要打架就喊巡警,而且月月往外拿"警捐"?愿意吧!为什么又喜欢巡警不管事:要抢的好去抢,被抢的也一声不言语?

好吧,我只提出这么几个"样子"来吧!问题还多得很呢!我既不能去解决,也就不便再瞎叨叨了。这几个"样子"就真够教我糊涂的了,怎想怎不对,怎摸不清哪里是哪里,一会儿它有头有尾,一会儿又没头没尾,我这点聪明不够想这么大的事的。

我只能说这么一句老话,这个人民,连官儿,兵丁,巡警,带安善的良民,都"不够本"!所以,我心中的空儿就更大了呀!在这群"不够本"的人们里活着,就是个对付劲儿,别讲究什么"真"事儿,我算是看明白了。

还有个好字眼儿,别忘下:"汤儿事"。谁要是跟我一样,想不出什么好办法来,顶好用这个话,又现成,又恰当，而且可以不至把自己绕糊涂了。"汤儿事"，完了；如若还嫌稍微秃一点呢，再补上"真他妈的"，就挺合适。

十

不须再发什么议论，大概谁也能看清楚咱们国的人是怎回事了。由这个再谈到警察，稀松二五眼正是理之当然，一点也不出奇。就拿抓赌来说吧：早年间的赌局都是由顶有字号的人物作后台老板；不但官面上不能够抄拿，就是出了人命也没有什么了不得的；赌局里打死人是常有的事。赶到有了巡警之后，赌局还照旧开着，敢去抄吗？这谁也能明白，不必我说。可是，不抄吧，又太不像话；怎么办呢？有主意，捡着那老实的办几案，拿几个老头儿老太太，抄去几打儿纸牌，罚上十头八块的。巡警呢，算交上了差事；社会上呢，大小也有个风声，行了。拿这一件事比方十件事，警察自从一开头就是抹稀泥。它养着一群混饭吃的人，作些个混饭吃的事。社会上既不需要真正的巡警，巡警也犯不上为六块钱卖命。这很清楚。

这次兵变过后，我们的困难增多了老些。年轻的小伙子们，抢着了不少的东西，总算发了邪财。有的穿着两件马褂，有的十个手指头戴着十个戒指，都扬扬得意的在街上扭，斜眼看着巡警，鼻子里哽哽的哼白气。我只好低下头去，本来吗，那么大的阵式，我们巡警都一声没出，事后还能怨人家小看我们吗？赌局到处都是，白抢来的钱，输光了也不折本儿呀！我们不敢去抄，想抄也抄不过来，太多了。

我们在墙儿外听见人家里面喊"人九","对子",只作为没听见,轻轻的走过去。反正人们在院儿里头耍,不到街上来就行。哼!人们连这点面子也不给咱们留呀!那穿两件马褂的小伙子们偏要显出一点也不怕巡警——他们的祖父,爸爸,就没怕过巡警,也没见过巡警,他们为什么这辈子应当受巡警的气呢?——单要来到街上赌一场。有骰子就能开宝,蹲在地上就玩起活来。有一对石球就能踢,两人也行,五个人也行,"一毛钱一脚,踢不踢?好啦!'倒回来!'"拍,球碰了球,一毛。耍儿真不小呢,一点钟里也过手好几块。这都在我们鼻子底下,我们管不管呢?管吧!一个人,只佩着连豆腐也切不齐的刀,而赌家老是一帮年轻的小伙子。明人不吃眼前亏,巡警得绕着道儿走过去,不管的为是。可是,不幸,遇见了稽察,"你难道瞎了眼,看不见他们聚赌?"回去,至轻是记一过。这份儿委屈上哪儿诉去呢?

这样的事还多得很呢!以我自己说,我要不是佩着那么把破刀,而是拿着把手枪,跟谁我也敢碰碰,六块钱的饷银自然合不着卖命,可是泥人也有个土性,架不住碰在气头儿上。可是,我摸不着手枪,枪在土匪和大兵手里呢。

明明看见了大兵坐了车不给钱,而且用皮带抽洋车夫,我不敢不笑着把他劝了走。他有枪,他敢放,打死个巡警算得了什么呢!有一年,在三等窑子里,大兵们打死了我们三位弟兄,我们连凶首也没要出来。三位弟兄白白的死了,没有一个抵偿的,连一个挨几十军棍的也没有!他们的枪随便放,我们赤手空拳,我们这是文明事儿呀!

总而言之吧,在这么个以蛮横不讲理为荣,以破坏秩序为增光耀祖的社会里,巡警简直是多余。明白了这个,再加上我们前面所说过的食不饱力不足那一套,大概谁也能明白个八九成了。我们不抹稀泥,怎么办呢?我——我是个巡警——并不求谁原谅,我只是愿意这么说出来,心明眼亮,好教大家心里有个谱儿。

爽性我把最泄气的也说了吧:

当过了一二年差事,我在弟兄们中间已经是个了不得的人物。遇见官事,长官们总教我去挡头一阵。弟兄们并不因此而忌妒我,因为对大家的私事我也不走在后边。这样,每逢出个排长的缺,大家总对我咕唧:"这回一定是你补缺了!"仿佛他们非常希望要我这么个排长似的。虽然排长并没落在我身上,可是我的才干是大家知道的。

我的办事诀窍,就是从前面那一大堆话中抽出来的。比方说吧,有人来报被窃,巡长和我就去察看。糙糙的把门窗户院看一过儿,顺口搭音就把我们在哪儿有岗位,夜里有几趟巡逻,都说得详详细细,有滋有味,仿佛我们比谁都精细,都卖力气。然后,找门窗不甚严密的地方,话软而意思硬的开始反攻:"这扇门可不大保险,得安把洋锁吧?告诉你,安锁要往下安,门坎那溜儿就很好,不容易教贼摸到。屋里养着条小狗也是办法,狗圈在屋里,不管是多么小,有动静就会汪汪,比院里放着三条大狗还有用。先生你看,我们多留点神,你自己也得注点意,两下一凑合,准保丢不了东西了。好吧,我们回去,多派几名下夜的就是了;先生歇着吧!"这一套,把我们的责任卸了,他就赶紧得安锁养小狗;遇见和气的主儿呢,还许给我们泡壶茶喝。这就是我的本事。怎么不负责任,而且不教人看出抹稀泥来,我就怎办。话要说得好听,甜嘴蜜舌的把责任全推到一边去,准保不招灾不惹祸。弟兄们都会这一套，可是他们的嘴与神气差着点劲儿。一句话有多少种说法，把神气弄对了地方，话就能说出去又拉回来，像有弹簧似的。这点，我比他们强，而且他们还是学不了去，这是天生来的才分！

赶到我独自下夜，遇见贼，你猜我怎么办？我呀！把佩刀攥在手里，省得有响声；他爬他的墙，我走我的路，各不相扰。好吗，真要教他记恨上我，藏在黑影儿里给我一砖，我受得了吗？那谁，傻王九，不是瞎了一只眼吗？他还不是为拿贼呢！有一天，他和董志和在街口上强迫给人们剪发，一人手里一把剪刀，见着带小辫的，拉过来就是一剪子。哼！教人家记上了。等傻王九走单了的时候，人家照准了他的眼就是一把石灰："让你剪我的发，×你妈妈的！"他的眼就那么瞎了一只。你说，这差事要不像我那么去当，还活着不活着呢？凡是巡警们以为该干涉的，人们都以为是"狗拿耗子多管闲事"，有什么法子呢？

我不能像傻王九似的，平白无故的丢去一只眼睛，我还留着眼睛看这个世界呢！轻手蹑脚的躲开贼，我的心里并没闲着，我想我那俩没娘的孩子，我算计这一个月的嚼谷。也许有人一五一十的算计，而用洋钱作单位吧？我呀，得一个铜子一个铜子的算。多几个铜子，我心里就宽绰；少几个，我就得发愁。还拿贼，谁不穷呢？穷到无路可走，谁也会去偷，肚子才不管什么叫作体面呢！

十一

这次兵变过后,又有一次大的变动:大清国改为中华民国了。改朝换代是不容易遇上的,我可是并没觉得这有什么意思。说真的,这百年不遇的事情,还不如兵变热闹呢。据说,一改民国,凡事就由人民主管了;可是我没看见。我还是巡警,饷银没有增加,天天出来进去还是那一套。原先我受别人的气,现在我还是受气;原先大官儿们的车夫仆人欺负我们,现在新官儿手底下的人也并不和气。"汤儿事"还是"汤儿事",倒不因为改朝换代有什么改变。可也别说,街上剪发的人比从前多了一些,总得算作一点进步吧。牌九押宝慢慢的也少起来,贫富人家都玩"麻将"了,我们还是照样的不敢去抄赌,可是赌具不能不算改了良,文明了一些。

民国的民倒不怎样,民国的官和兵可了不得!像雨后的蘑菇似的,不知道哪儿来的这么些官和兵。官和兵本不当放在一块儿说,可是他们的确有些相像的地方。昨天还一脚黄土泥,今天作了官或当了兵,立刻就瞪眼;越糊涂,眼越瞪得大,好像是糊涂灯,糊涂得透亮儿。这群糊涂玩艺儿听不懂哪叫好话,哪叫歹话,无论你说什么,他们总是横着来。他们糊涂得教人替他们难过,可是他们很得意。有时候他们教我都这么想了:我这辈大概作不了文官或是武官啦!因为我糊涂的不够程度!

几乎是个官儿就可以要几名巡警来给看门护院,我们成了一种保镖的,挣着公家的钱,可为私人作事。我便被派到宅门里去。从道理上说,为官员看守私宅简直不能算作差事;从实利上讲,巡警们可都愿意这么被派出来。我一被派出来,就拔升为"三等警";"招募警"还没有被派出来的资格呢!我到这时候才算入了"等"。再说呢,宅门的事情清闲,除了站门,守夜,没有别的事可作;至少一年可以省出一双皮鞋来。事情少,而且外带着没有危险;宅里的老爷与太太若打起架来,用不着我们去劝,自然也就不会把我们打在底下而受点误伤。巡夜呢,不过是绕着宅子走两圈,准保遇不上贼;墙高狗厉害,小贼不能来,大贼不便于来——大贼找退职的官儿去偷,既有油水,又不至于引起官面严拿;他们不惹有势力的现任官。在这里,不但用不着去抄赌,我们反倒保护着老爷太太们打麻将。遇到宅里请客玩牌,我们就更清闲自在:宅门外放着一片车马,宅里到处亮如白昼,仆人来往如梭,两三桌麻将,四五盏烟灯,彻夜的闹哄,绝不会闹贼,我们就睡大觉,等天亮散局的时候,我们再出来站门行礼,给老爷们助威。要赶上宅里有红白事,我们就更合适:喜事唱戏,我们跟着白听戏,准保都是有名的角色,在戏园子里绝听不到这么齐全。丧事呢,虽然没戏可听,可是死人不能一半天就抬出去,至少也得停三四十天,念好几棚经;好了,我们就跟着吃吧;他们死人,咱们就吃犒劳。怕就怕死小孩,既不能开吊,又得听着大家嗷嗷的真哭。其次是怕小姐偷偷跑了,或姨太太有了什么大错而被休出去,我们捞不着吃喝看戏,还得替老爷太太们怪不得劲儿的!

教我特别高兴的,是当这路差事,出入也随便了许多,我可以常常回家看看孩子们。在"区"里或"段"上,请会儿浮假都好不容易，因为无论是在"内勤"或"外勤"，工作是刻板儿排好了的，不易调换更动。在宅门里，我站完门便没了我的事，只须对弟兄们说一声就可以走半天。这点好处常常教我害怕，怕再调回"区"里去；我的孩子们没有娘，还不多教他们看看父亲吗？

就是我不出去，也还有好处。我的身上既永远不疲乏，心里又没多少事儿，闲着干什么呢？我呀，宅上有的是报纸，闲着就打头到底的念。大报小报，新闻社论，明白吧不明白吧，我全念，老念。这个，帮助我不少，我多知道了许多的事，多识了许多的字。有许多字到如今我还念不出来，可是看惯了，我会猜出它们的意思来，就好像街面上常见着的人，虽然叫不上姓名来，可是彼此怪面善。除了报纸，我还满世界去借闲书看。不过，比较起来，还是念报纸的益处大，事情多，字眼儿杂，看着开心。唯其事多字多，所以才费劲；念到我不能明白的地方，我只好再拿起闲书来了。闲书老是那一套，看了上回，猜也会猜到下回是什么事；正因为它这样，所以才不必费力，看着玩玩就算了。报纸开心，闲书散心，这是我的一点经验。

在门儿里可也有坏处：吃饭就第一成了问题。在"区"里或"段"上，我们的伙食钱是由饷银里坐地儿扣，好歹不拘，天天到时候就有饭吃。派到宅门里来呢，一共三五个人，绝不能找厨子包办伙食，没有厨子肯包这么小的买卖的。宅里的厨房呢，又不许我们用；人家老爷们要巡警，因为知道可以白使唤几个穿制服的人，并不大管这群人有肚子没有。我们怎办呢？自己起灶，作不到，买一堆盆碗锅勺，知道哪时就又被调了走呢？再说，人家门头上要巡警原为体

几乎是个官儿就可以要几名巡警来给看门护院,我们成了一种保镖的,挣着公家的钱,可为私人做事。

高荣生 插图

面好看，好，我们若是给人家弄得盆朝天碗朝地，刀勺乱响，成何体统呢？没法子，只好买着吃。

这可够别扭的。手里若是有钱，不用说，买着吃是顶自由了，爱吃什么就叫什么，弄两盅酒儿伍的，叫俩可口的菜，岂不是个乐子？请别忘了，我可是一月才共总进六块钱！吃的苦还不算什么，一顿一顿想主意可真教人难过，想着想着我就要落泪。我要省钱，还得变个样儿，不能老啃干馍馍辣饼子，像填鸭子似的。省钱与可口简直永远不能碰到一块，想想钱，我认命吧，还是弄几个干烧饼，和一块老腌萝卜，对付一下吧；想到身子，似乎又不该如此。想，越想越难过，越不能决定；一直饿到太阳平西还没吃上午饭呢！

我家里还有孩子呢！我少吃一口，他们就可以多吃一口，谁不心疼孩子呢？吃着包饭，我无法少交钱；现在我可以自由的吃饭了，为什么不多给孩子们省出一点来呢？好吧，我有八个烧饼才够，就硬吃六个，多喝两碗开水，来个"水饱"！我怎能不落泪呢！

看看人家宅门里吧，老爷挣钱没数儿！是呀，只要一打听就能打听出来他拿多少薪俸，可是人家绝不指着那点固定的进项，就这么说吧，一月挣八百块的，若是干挣八百块，他怎能那么阔气呢？这里必定有文章。这个文章是这样的，你要是一月挣六块钱，你就死挣那个数儿，你兜儿里忽然多出一块钱来，都会有人斜眼看你，给你造些谣言。你要是能挣五百块，就绝不会死挣这个数儿，而且你的钱越多，人们越佩服你。这个文章似乎一点也不合理，可是它就是这么作出来的，你爱信不信！

报纸与宣讲所里常常提倡自由；事情要是等着提倡，当然是原来没有。我原没有自由；人家提倡了会子，自由还没来到我身上，可是我在宅门里看见它了。民国到底是有好处的，自己有自由没有吧，反正看见了也就得算开了眼。

你瞧，在大清国的时候，凡事都有个准谱儿；该穿蓝布大褂的就得穿蓝布大褂，有钱也不行。这个，大概就应叫作专制吧！一到民国来，宅门里可有了自由，只要有钱，你爱穿什么，吃什么，戴什么，都可以，没人敢管你。所以，为争自由，得拚命的去搂钱；搂钱也自由，因为民国没有御史。你要是没在大宅门待过，大概你还不信我的话呢，你去看看好了。现在的一个小官都比老年间的头品大员多享着点福：讲吃的，现在交通方便，山珍海味随便的吃，只要有钱。吃腻了这些还可以拿西餐洋酒换换口味；哪一朝的皇上大概也没吃过洋饭吧？讲穿的，讲戴的，讲看的听的，使的用的，都是如此；坐在屋里你可以享受全世界最好的东西。如今享福的人才真叫作享福，自然如今搂钱也比从前自由的多。别的我不敢说，我准知道宅门里的姨太太擦五十块钱一小盒的香粉，是由什么巴黎来的；巴黎在哪儿？我不知道，反正那里来的粉是很贵。我的邻居李四，把个胖小子卖了，才得到四十块钱，足见这香粉贵到什么地步了，一定是又细又香呀，一定！

好了，我不再说这个了；紧自贫嘴恶舌，倒好像我不赞成自由似的，那我哪敢呢！

我再从另一方面说几句，虽然还是话里套话，可是多少有点变化，好教人听着不俗气厌烦。刚才我说人家宅门里怎样自由，怎样阔气，谁可也别误会了人家作老爷的就整天的大把往外扔洋钱，老爷们才不这么傻呢！是呀，姨太太擦比一个小孩还贵的香粉，但是姨太太是姨太太，姨太太有姨太太的造化与本事。人家作老爷的给姨太太买那么贵的粉，正因为人家有地方可以抠出来。你就这么说吧，好比你作了老爷，我就能按着宅门的规矩告诉你许多诀窍：你的电灯，自来水，煤，电话，手纸，车马，天棚，家具，信封信纸，花草，都不用花钱；最后，你还可以白使唤几名巡警。这是规矩，你要不明白这个，你简直不配作老爷。告诉你一句到底的话吧，作老爷的要空着手儿来，满膛满馅的去，就好像刚惊蛰后的臭虫，来的时候是两张皮，一会儿就变成肚大腰圆，满兜儿血。这个比喻稍粗一点，意思可是不错。自由的搂钱，专制的省钱，两下里一合，你的姨太太就可以擦巴黎的香粉了。这句话也许说得太深奥了一些，随便吧！你爱懂不懂。

　　这可就该说到我自己了。按说，宅门里白使唤了咱们一年半载，到节了年了的，总该有个人心，给咱们哪怕是顿犒劳饭呢，也大小是个意思。哼！休想！人家作老爷的钱都留着给姨太太花呢，巡警算哪道货？等咱被调走的时候，求老爷给"区"里替我说句好话，咱都得感激不尽。

　　你看，命令下来，我被调到别处。我把铺盖卷打好，然后恭而敬之的去见宅上的老爷。看吧，人家那股子劲儿大了去啦！带理不理的，倒仿佛我偷了他点东西似的。我托咐了几句：求老爷顺便和"区"里说一声，我的差事当得不错。人家微微的一抬眼皮，连个屁都懒得放。我只好退出来了，人家连个拉铺盖的车钱也不给；我得自己把它扛了走。这就是他妈的差事，这就是他妈的人情！

十 二

机关和宅门里的要人越来越多了。我们另成立了警卫队,一共有五百人,专作那义务保镖的事。为是显出我们真能保卫老爷们,我们每人有一杆洋枪,和几排子弹。对于洋枪——这些洋枪——我一点也不感觉兴趣;它又沉,又老,又破,我摸不清这是由哪里找来的一些专为压人肩膀,而一点别的用处没有的玩艺儿。我的子弹老在腰间围着,永远不准往枪里搁;到了什么大难临头,老爷们都逃走了的时候,我们才安上刺刀。

这可并非是说,我可以完全不管那枝破家伙;它虽然是那么破,我可得给它支使着。枪身里外,连刺刀,都得天天擦;即使永远擦不亮,我的手可不能闲着。心到神知!再说,有了枪,身上也就多了些玩艺儿,皮带,刺刀鞘,子弹袋子,全得弄得利落抹腻,不能像猪八戒挎腰刀那么懈懈松松的,还得打裹腿呢!

多出这么些事来,肩膀上添了七八斤的分量,我多挣了一块钱;现在我是一个月挣七块大洋了,感谢天地!

七块钱,扛枪,打裹腿,站门,我干了三年多。由这个宅门串到那个宅门,由这个衙门调到那个衙门;老爷们出来,我行礼;老爷进去,我行礼。这就是我的差事。这种差事才毁人呢:你说没事作吧,又有事;说有事作吧,又没事。还不如上街站岗去呢。在街上,至少得管点事,用用心思。在宅门或衙门,简直永远不用费什么一点脑子。赶到在闲散的衙门或汤儿事的宅子里,连站门的时候都满可以随便,挂着枪立着也行,抱着枪打盹也行。这样的差事教人不起一点儿劲,它生生的把人耗疲了。一个当仆人的可以有个盼望,哪儿的事情甜就想往哪儿去,我们当这份儿差事,明知一点好来头没有,可是就那么一天天的穷耗,耗得连自己都看不起了自己。按说,这么空闲无事,就应当吃得白白胖胖,也总算个体面呀。哼!我们并蹲不出膘儿来。我们一天老绕着那七块钱打算盘,穷得揪心。心要是揪上,还怎么会发胖呢?以我自己说吧,我的孩子已到上学的年岁了,我能不教他去吗?上学就得花钱,古今一理,不算出奇,可是我上哪里找这份钱去呢?作官的可以白占许多许多便宜,当巡警的连孩子白念书的地方也没有。上私塾吧,学费节礼,书籍笔墨,都是钱。上学校吧,制服,手工材料,种种本子,比上私塾还费的多。再说,孩子们在家里,饿了可以掰一块窝窝头吃;一上学,就得给点心钱,即使咱们肯教他揣着块窝窝头去,他自己肯吗?小孩的脸是更容易红起来的。

我简直没办法。这么大个活人,就会干瞪着眼睛看自己的儿女在家里荒荒着!我这辈无望了,难道我的儿女应当更不济吗?看着人家宅门的小姐少爷去上学,喝!车接车送,到门口还有老妈子丫环来接书包,抱进去,手里拿着橘子苹果,和新鲜的玩具。人家的孩子这样,咱的孩子那样;孩子不都是将来的国民吗?我真想辞差不干了。我愣当仆人去,弄俩零钱,好教我的孩子上学。

可是人就是别入了辙,入到哪条辙上便一辈子拔不出腿来。当了几年的差事——虽然是这样的差事——我事事入了辙,这里有朋友,有说有笑,有经验,它不教我起劲,可是我也仿佛不大能狠心的离开它。再说，一个人的虚荣心每每比金钱还有力量，当惯了差，总以为去当仆人是往下走一步，虽然可以多挣些钱。这可笑，很可笑，可是人就是这么个玩艺儿。我一跟朋友们说这个，大家都摇头。有的说，大家混的都很好的，干吗去改行？有的说，这山望着那山高，咱们这些苦人干什么也发不了财，先忍着吧！有的说，人家中学毕业生还有当"招募警"的呢，咱们有这个差事当，就算不错；何必呢？连巡官都对我说了：好歹混着吧，这是差事；凭你的本事，日后总有升腾！大家这么一说，我的心更活了，仿佛我要是固执起来，倒不大对得住朋友似的。好吧，还往下混吧。小孩念书的事呢？没有下文！

　　不久，我可有了个好机会。有位冯大人哪，官职大得很，一要就要十二名警卫；四名看门，四名送信跑道，四名作跟随。这四名跟随得会骑马。那时候，汽车还没出世，大官们都讲究坐大马车。在前清的时候，大官坐轿或坐车，不是前有顶马，后有跟班吗？这位冯大人愿意恢复这点官威，马车后得有四名带枪的警卫。敢情会骑马的人不好找，找遍了全警卫队，才找到了三个；三条腿不大像话，连巡官都急得直抓脑袋。我看出便宜来了：骑马，自然得有粮钱哪！为我的小孩念书起见，我得冒下子险，假如从马粮钱里能弄出块儿八毛的来，孩子至少也可以去私塾了。按说，这个心眼不甚好，可是我这是卖着命，我并不会骑马呀！我告诉了巡官，我愿意去。他问我会骑马不会？我没说我会，也没说我不会；他呢，反正找不到别人，也就没究根儿。

　　有胆子，天下便没难事。当我头一次和马见面的时候，我就合计好了：摔死呢，孩子们入孤儿院，不见得比在家里坏；摔不死呢，好，孩子们可以念书去了。这么一来，我就先不怕马了。我不怕它，它就得怕我，天下的事不都是如此吗？再说呢，我的腿脚利落，心里又灵，跟那三位会骑马的瞎扯巴了一会儿，我已经把骑马的招数知道了不少。找了匹老实的，我试了试，我手心里攥着把汗，可是硬说我有了把握。头几天，我的罪过真不小，浑身像散了一般，屁股上见了血。我咬了牙。等到伤好了，我的胆子更大起来，而且觉出来骑马的快乐。跑，跑，车多快，我多快，我算是治服了一种动物！

我把马治服了，可是没把粮草钱拿过来，我白冒了险。冯大人家中有十几匹马呢，另有看马的专人，没有我什么事。我几乎气病了。可是，不久我又高兴了：冯大人的官职是这么大，这么多，他简直没有回家吃饭的工夫。我们跟着他出去，一跑就是一天。他当然喽，到处都有饭吃，我们呢？我们四个人商议了一下，决定跟他交涉，他在哪里吃饭，也得有我们的。冯大人这个人心眼还不错，他很爱马，爱面子，爱手下的人。我们一对他说，他马上答应了。这个，可是个便宜。不用往多里说。我们要是一个月准能在外边白吃半个月的饭，我们不就省下半个月的饭钱吗？我高了兴！

冯大人，我说，很爱面子。当我们去见他交涉饭食的时候，他细细看了看我们。看了半天，他摇了摇头，自言自语的说："这可不行！"我以为他是说我们四个人不行呢，敢情不是。他登时要笔墨，写了个条子："拿这个见总队长去，教他三天内都办好！"把条子拿下来，我们看了看，原来是教队长给我们换制服：我们平常的制服是斜纹布的，冯大人现在教换呢子的；袖口，裤缝，和帽箍，一律要安金绦子。靴子也换，要过膝的马靴。枪要换上马枪，还另外给一人一把手枪。看完这个条子，连我们自己都觉得不合适：长官们才能穿呢衣，镶金绦，我们四个是巡警，怎能平白无故的穿上这一套呢？自然，我们不能去教冯大人收回条子去，可是我们也怪不好意思去见总队长。总队长要是不敢违抗冯大人，他满可以对我们四个人发发脾气呀！

你猜怎么着？总队长看了条子，连大气没出，照话而行，都给办了。你就说冯大人有多么大的势力吧！喝！我们四个人可抖起来了，真正细黑呢制服，镶着黄登登的金绦，过膝的黑皮长靴，靴后带着白亮亮的马刺，马枪背在背后，手枪挎在身旁，枪匣外搭拉着长杏黄穗子。简直可以这么说吧，全城的巡警的威风都教我们四个人给夺过来了。我们在街上走，站岗的巡警全都给我们行礼，以为我们是大官儿呢！

当我作裱糊匠的时候，稍微讲究一点的烧活，总得糊上匹菊花青的大马。现在我穿上这么抖的制服，我到马棚去挑了匹菊花青的马，这匹马非常的闹手，见了人是连啃带踢；我挑了它，因为我原先糊过这样的马，现在我得骑上匹活的；菊花青，多么好看呢！这匹马闹手，可是跑起来真作脸，头一低，嘴角吐着点白沫，长鬃像风吹着一垄春麦，小耳朵立着像俩小瓢儿；我只须一认镫，它就要飞起来。这一辈子，我没有过什么真正得意的事；骑上这匹菊花青大马，我必得说，我觉到了骄傲与得意！

按说，这回的差事总算过得去了，凭那一身衣裳与那匹马还不值得高高兴兴的混吗？哼！新制服还没穿过三个月，

骑上这匹菊花青大马,我必得说,我觉到了骄傲与得意!

高荣生 插图

冯大人吹了台，警卫队也被解散；我又回去当三等警了。

十 三

警卫队解散了。为什么？我不知道。我被调到总局里去当差，并且得了一面铜片的奖章，仿佛是说我在宅门里立下了什么功劳似的。在总局里，我有时候管户口册子，有时候管辅捐的账簿，有时候值班守大门，有时候看管军装库。这么二三年的工夫，我又把局子里的事情全明白了个大概。加上我以前在街面上，衙门口和宅门里的那些经验，我可以算作个百事通了，里里外外的事，没有我不晓得的。要提起警务，我是地道内行。可是一直到这个时候，当了十年的差，我才升到头等警，每月挣大洋九元。

大家伙或者以为巡警都是站街的，年轻轻的好管闲事。其实，我们还有一大群人在区里局里藏着呢。假若有一天举行总检阅，你就可以看见些稀奇古怪的巡警：罗锅腰的，近视眼的，掉了牙的，瘸着腿的，无奇不有。这些怪物才真是巡警中的盐，他们都有资格有经验，识文断字，一切公文案件，一切办事的诀窍，都在他们手里呢。要是没有他们，街上的巡警就非乱了营不可。这些人，可是永远不会升腾起来；老给大家办事，一点起色也没有，平生连出头露面的体面一次都没有过。他们任劳任怨的办事，一直到他们老得动不了窝，老是头等警，挣九块大洋。多咱你在街上看见：穿着洗得很干净的灰布大褂，脚底下可还穿着巡警的皮鞋，用脚后跟慢慢的走，仿佛支使不动那双鞋似的，那就准是这路巡警。他们有时候也到大"酒缸"上，喝一个"碗酒"，就着十几个花生豆儿，挺有规矩，一边往下咽那点辣水，一边叹着气。头发已经有些白的了，嘴巴儿可还刮得很光，猛看很像个太监。他们很规则，和蔼，会作事，他们连休息的时候还得穿着那双不得人心的鞋！

　　跟这群人在一处办事，我长了不少的知识。可是，我也有点害怕：莫非我也就这样下去了吗？他们够多么可爱，又多么可怜呢！看着他们，我心中时常忽然凉那么一下，教我半天说不上话来。不错，我比他们都年岁小，也不见得比他们不精明，可是我有希望没有呢？年岁小？我也三十六了！

　　这几年在局子里可也有一样好处，我没受什么惊险。这几年，正是年年春秋准打仗的时期，旁人受的罪我先不说，单说巡警们就真够瞧的。一打仗，兵们就成了阎王爷，而巡警头朝了下！要粮，要车，要马，要人，要钱，全交派给巡警，慢一点送上去都不行。一说要烙饼一万斤，得，巡警就得挨着家去到切面铺和烙烧饼的地方给要大饼；饼烙得，还得押着清道夫给送到营里去；说不定还挨几个嘴巴回来！

　　要单是这么伺候着兵老爷们，也还好；不，兵老爷们还横反呢。凡是有巡警的地方，他们非捣乱不可，巡警们管吧不好，不管吧也不好，活受气。世上有糊涂人，我晓得；但是兵们的糊涂令我不解。他们只为逞一时的字号，完全不讲情理；不讲情理也罢，反正得自己别吃亏呀；不，他们连自己吃亏不吃亏都看不出来，你说天下哪里再找这么糊涂的人呢。就说我的表弟吧，他已当过十多年的兵，后来几年还老是排长，按说总该明白点事儿了。哼！那年打仗，他押着十几名俘虏往营里送。喝！他得意非常的在前面领着，仿佛是个皇上似的。他手下的弟兄都看出来，为什么不先解除了俘虏的武装呢？他可就是不这么办，拍着胸膛说一点错儿没有。走到半路上，后面响了枪，他登时就死在了街上。他是我的表弟，我还能盼着他死吗？可是这股子糊涂劲儿，教我也没法抱怨开枪打他的人。有这样一个例子，你也就能明白一点兵们是怎样的难对付了。你要是告诉他，汽车别往墙上开，好啦，他就非去碰碰不可，把他自己碰死倒可以，他就是不能听你的话。

在总局里几年，没别的好处，我算是躲开了战时的危险与受气。自然罗！一打仗，煤米柴炭都涨价儿，巡警们也随着大家一同受罪，不过我可以安坐在公事房里，不必出去对付大兵们，我就得知足。

可是，在局里我又怕一辈子就窝在那里，永没有出头之日，有人情，可以升腾起来；没人情而能在外边拿贼办案，也是个路子，我既没人情，又不到街面上去，打哪儿升高一步呢？我越想越发愁。

十　四

到我四十岁那年，大运亨通，我补了巡长！我顾不得想已经当了多少年的差，卖了多少力气，和巡长才挣多少钱；都顾不得想了。我只觉得我的运气来了！

小孩子拾个破东西，就能高兴的玩耍半天，所以小孩子能够快乐。大人们也得这样，或者才能对付着活下去。细细一想，事情就全糟。我升了巡长，说真的，巡长比巡警才多挣几块钱呢？挣钱不多，责任可有多么大呢！往上说，对上司们事事得说出个谱儿来；往下说，对弟兄们得又精明又热诚；对内说，差事得交得过去；对外说，得能不软不硬的办了事。这，比作知县难多了。县长就是一个地方的皇上，巡长没那个身份，他得认真办事，又得敷衍事，真真假假，虚虚实实，哪一点没想到就出蘑菇。出了蘑菇还是真糟，往上升腾不易呀，往下降可不难呢。当过了巡长再降下来，派到哪里去也不吃香：弟兄们咬吃，喝！你这作过巡长的，……这个那个的扯一堆。长官呢，看你是刺儿头，故意的给你小鞋穿，你怎么忍也忍不下去。怎办呢？哼！由巡长而降为巡警，顶好干脆卷铺盖家去，这碗饭不必再吃了。可是，以我说吧，四十岁才升上巡长，真要是卷了铺盖，我干吗去呢？

真要是这么一想，我登时就得白了头发。幸而我当时没这么想，只顾了高兴，把坏事儿全放在了一旁。我当时倒这么想：四十作上巡长，五十——哪怕是五十呢！——再作上巡官，也就算不白当了差。咱们非学校出身，又没有大人情，能作到巡官还算小吗？这么一想，我简直的拚了命，精神百倍的看着我的事，好像看着颗夜明珠似的！

作了二年的巡长，我的头上真见了白头发。我并没细想过一切，可是天天揪着心，唯恐哪件事办错了，担了处分。白天，我老喜笑颜开的打着精神办公；夜间，我睡不实在，忽然想起一件事，我就受了一惊似的，翻来覆去的思索；未必能想出办法来，我的困意可也就不再回来了。

公事而外，我为我的儿女发愁：儿子已经二十了，姑娘十八。福海——我的儿子——上过几天私塾，几天贫儿学校，几天公立小学。字吗，凑在一块儿他大概能念下来第二册国文；坏招儿，他可学会了不少，私塾的，贫儿学校的，公立小学的，他都学来了，到处准能考一百分，假若学校里考坏招数的话。本来吗，自幼失了娘，我又终年在外边瞎混，他可不是爱怎么反就怎么反啵。我不恨铁不成钢去责备他，也不抱怨任何人，我只恨我的时运低，发不了财，不能好好的教育他。我不算对不起他们，我一辈子没给他们弄个后娘，给他们气受。至于我的时运不济，只能当巡警，那并非是我的错儿，人还能大过天去吗？

福海的个子可不小，所以很能吃呀！一顿胡搂三大碗芝麻酱拌面，有时候还说不很饱呢！就凭他这个吃法，他再有我这么两份儿爸爸也不中用！我供给不起他上中学，他那点"秀气"也没法考上。我得给他找事作。哼！他会作什么呢？

从老早，我心里就这么嘀咕：我的儿子愣可去拉洋车，也不去当巡警；我这辈子当够了巡警，不必世袭这份差事了！在福海十二三岁的时候，我教他去学手艺，他哭着喊着的一百个不去。不去就不去吧，等他长两岁再说；对个没娘的孩子不就得格外心疼吗？到了十五岁，我给他找好了地方去学徒，他不说不去，可是我一转脸，他就会跑回家来。几次我送他走，几次他偷跑回来。于是只好等他再大一点吧，等他心眼转变过来也许就行了。哼！从十五到二十，他就愣荒荒过来，能吃能喝，就是不爱干活儿。赶到教我给逼急了："你到底愿意干什么呢？你说！"他低着脑袋，说他愿意挑巡警！他觉得穿上制服，在街上走，既能挣钱，又能就手儿散心，不像学徒那样永远圈在屋里。我没说什么，心里可刺着痛。我给打了个招呼，他挑上了巡警。我心里痛不痛的，反正他有事作，总比死吃我一口强啊。父是英雄儿好汉，爸爸巡警儿子还是巡警，而且他这个巡警还必定跟不上我。我到四十岁才熬上巡长，他到四十岁，哼！不教人家开革出来就是好事！没盼望！我没续娶过，因为我咬得住牙。他呢，赶明儿个难道不给他成家吗？拿什么养着呢？

是的，儿子当了差，我心中反倒堵上个大疙疸！

再看女儿呢，也十八九了，紧自搁在家里算怎回事呢？当然，早早撮出去的为是，越早越好。给谁呢？巡警，巡警，还得是巡警？一个人当巡警，子孙万代全得当巡警，仿佛掉在了巡警阵里似的。可是，不给巡警还真不行呢：论模样，她没什么模样；论教育，她自幼没娘，只认识几个大字；论赔送，我至多能给她作两件洋布大衫；论本事，她只能受苦，没别的好处。巡警的女儿天生来的得嫁给巡警，八字造定，谁也改不了！

唉！给了就给了哝！撮出她去，我无论怎说也可以心净一会儿。并非是我心狠哪；想想看，把她撂到二十多岁，还许就剩在家里呢。我对谁都想对得起，可是谁又对得起我来着！我并不想唠里唠叨的发牢骚，不过我愿把事情都撂平了，谁是谁非，让大家看。

当她出嫁的那一天，我真想坐在那里痛哭一场。我可是没有哭；这也不是一半天的事了，我的眼泪只会在眼里转两转，简直的不会往下流！

十　五

儿子有了事作，姑娘出了阁，我心里说：这我可能远走高飞了！假若外边有个机会，我愣把巡长搁下，也出去见识见识。什么发财不发财的，我不能就窝囊这么一辈子。

机会还真来了。记得那位冯大人呀，他放了外任官。我不是爱看报吗？得到这个消息，就找他去了，求他带我出去。他还记得我，而且愿意这么办。他教我去再约上三个好手，一共四个人随他上任。我留了个心眼，请他自己向局里要四名，作为是拨遣。我是这么想：假若日后事情不见佳呢，既省得朋友们抱怨我，而且还可以回来交差，有个退身步。他看我的办法不错，就指名向局里调了四个人。

这一喜可非同小喜。就凭我这点经验知识，管保说，到哪儿我也可以作个很好的警察局局长，一点不是瞎吹！一条狗还有得意的那一天呢，何况是个人？我也该抖两天了，四十多岁还没露过一回脸呢！

果然，命令下来，我是卫队长；我乐得要跳起来。

哼！也不是咱的命不好，还是冯大人的运不济；还没到任呢，又撤了差。猫咬尿泡，瞎欢喜一场！幸而我们四个人是调用，不是辞差；冯大人又把我们送回局里去了。我的心里既为这件事难过，又为回局里能否还当巡长发愁，我脸上瘦了一圈。

幸而还好，我被派到防疫处作守卫，一共有六位弟兄，由我带领。这是个不错的差事，事情不多，而由防疫处开我们的饭钱。我不确实的知道，大概这是冯大人给我说了句好话。

在这里，饭钱既不必由自己出，我开始攒钱，为是给福海娶亲——只剩了这么一档子该办的事了，爽性早些办了吧！

在我四十五岁上,我娶了儿媳妇——她的娘家父亲与哥哥都是巡警。可倒好,我这一家子,老少里外,全是巡警,凑吧凑吧,就可以成立个警察分所!

人的行动有时候莫名其妙。娶了儿媳妇以后,也不知怎么我以为应当留下胡子,才够作公公的样子。我没细想自己是干什么的,直入公堂的就留下胡子了。小黑胡子在我嘴上,我捻上一袋关东烟,觉得挺够味儿。本来吗,姑娘聘出去了,儿子成了家,我自己的事又挺顺当,怎能觉得不是味儿呢?

哼!我的胡子惹下了祸。总局局长忽然换了人,新局长到任就检阅全城的巡警。这位老爷是军人出身,只懂得立正看齐,不懂得别的。在前面我已经说过,局里区里都有许多老人们,长相不体面,可是办事多年,最有经验。我就是和局里这群老手儿排在一处的,因为防疫处的守卫不属于任何警区,所以检阅的时候便随着局里的人立在一块儿。

当我们站好了队,等着检阅的时候,我和那群老人们还有说有笑,自自然然的。我们心里都觉得,重要的事情都归我们办,提哪一项事情我们都知道,我们没升腾起来已经算很委屈了,谁还能把我们踢出去吗?上了几岁年纪,诚然,可是我们并没少作事儿呀!即使说老朽不中用了,反正我们都至少当过十五六年的差,我们年轻力壮的时候是把精神血汗耗费在公家的差事上,冲着这点,难道还不留个情面吗?谁能够看狗老了就一脚踢出去呢?我们心中都这么想,所以满没把这回事放在心里,以为新局长从远处瞭我们一眼也就算了。

局长到了,大个子胸前挂满了徽章,又是喊,又是蹦,活像个机器人。我心里打开了鼓。他不按着次序看,一眼看

所以满没把这回事放在心里,以为新局长从远处瞭我们一眼也就算了。

高荣生 插图

到我们这一排，他猛虎扑食似的就跑过来了。岔开脚，手握在背后，他向我们点了点头。然后忽然他一个箭步跳到我们跟前，抓起一个老书记生的腰带，像摔跤似的往前一拉，几乎把老书记生拉倒；抓着腰带，他前后摇晃了老书记生几把，然后猛一撒手，老书记生摔了个屁股墩。局长对准了他就是两口唾沫，"你也当巡警！连腰带都系不紧？来！拉出去毙了！"

我们都知道，凭他是谁，也不能枪毙人。可是我们的脸都白了，不是怕，是气的。那个老书记生坐在地上，哆嗦成了一团。

局长又看了看我们，然后用手指划了条长线，"你们全滚出去，别再教我看见你们！你们这群东西也配当巡警！"说完这个，仿佛还不解气，又跑到前面，扯着脖子喊："是有胡子的全脱了制服，马上走！"

有胡子的不止我一个，还都是巡长巡官，要不然我也不敢留下这几根惹祸的毛。

二十年来的服务，我就是这么被刷下来了。其实呢，我虽四十多岁，我可是一点也不显着老苍，谁教我留下了胡子呢！这就是说，当你年轻力壮的时候，你把命卖上，一月就是那六七块钱。你的儿子，因为你当巡警，不能读书受教育；你的女儿，因为你当巡警，也嫁个穷汉去吃窝窝头。你自己呢，一长胡子，就算完事，一个铜子的恤金养老金也没有，服务二十年后，你教人家一脚踢出来，像踢开一块碍事的砖头似的。五十以前，你没挣下什么，有三顿饭吃就算不错；五十以后，你该想主意了，是投河呢，还是上吊呢？这就是当巡警的下场头。

二十年来的差事，没作过什么错事，但我就这样卷了铺盖。

弟兄们有含着泪把我送出来的，我还是笑着；世界上不平的事可多了，我还留着我的泪呢！

十 六

穷人的命——并不像那些施舍稀粥的慈善家所想的——不是几碗粥所能救活了的；有粥吃，不过多受几天罪罢了，早晚还是死。我的履历就跟这样的粥差不多，它只能帮助我找上个小事，教我多受几天罪；我还得去当巡警。除了说我当巡警，我还真没法介绍自己呢！它就像颗不体面的痣或瘤子，永远跟着我。我懒得说当过巡警，懒得再去当巡警，可是不说不当，还真连碗饭也吃不上，多么可恶呢！

歇了没有好久，我由冯大人的介绍，到一座煤矿上去作卫生处主任，后来又升为矿村的警察分所所长；这总算运气不坏。在这里我很施展了些我的才干与学问：对村里的工人，我以二十年服务的经验，管理得真叫不错。他们聚赌，斗殴，罢工，闹事，醉酒，就凭我的一张嘴，就事论事，干脆了当，我能把他们说得心服口服。对弟兄们呢，我得亲自去训练。他们之中有的是由别处调来的，有的是由我约来帮忙的，都当过巡警；这可就不容易训练，因为他们懂得一些警察的事儿，而想看我一手儿。我不怕，我当过各样的巡警，里里外外我全晓得；凭着这点经验，我算是没被他们给撅了。对内对外，我全有办法，这一点也不瞎吹。

假若我能在这里混上几年，我敢保说至少我可以积攒下个棺材本儿，因为我的饷银差不多等于一个巡官的，而到年底还可以拿一笔奖金。可是，我刚作到半年，把一切都布置得有个大概了，哼！我被人家顶下来了。我的罪过是年老与过于认真办事。弟兄们满可以拿些私钱，假若我肯睁着一只闭着一只眼的话。我的两眼都睁着，种下了毒。对外也是如此，我明白警察的一切，所以我要本着良心把此地的警务办得完完全全，真像个样儿。还是那句话，人民要不是真正的人民，办警察是多此一举，越办得好越招人怨恨。自然，容我办上几年，大家也许能看出它的好处来。可是，人家不等办好，已经把我踢开了。

在这个社会中办事，现在才明白过来，就得像发给巡警们皮鞋似的。大点，活该！小点，挤脚？活该！什么事都能办通了，你打算合大家的适，他们要不把鞋打在你脸上才怪。这次的失败，因为我忘了那三个宝贝字——"汤儿事"，因此我又卷了铺盖。

这回，一闹就是半年多。从我学徒时候起，我无事也忙，永不懂得偷闲。现在，虽然是奔五十的人了，我的精神气力并不比那个年轻小伙子差多少。生让我闲着，我怎么受呢？由早晨起来到日落，我没有正经事作，没有希望，跟太阳一样，就那么由东而西的转过去；不过，太阳能照亮了世界，我呢，心中老是黑糊糊的。闲得起急，闲得要躁，闲得讨厌自己，可就是摸不着点儿事作。想起过去的劳力与经验，并不能自慰，因为劳力与经验没给我积攒下养老的钱，而我眼看着就是挨饿。我不愿人家养着我，我有自己的精神与本事，愿意自食其力的去挣饭吃。我的耳目好像作贼的那么尖,只要有个消息,便赶上前去,可是老空着手回来,把头低得无可再低,真想一跤摔死,倒也爽快!还没到死的时候,社会像要把我活埋了!晴天大日头的,我觉得身子慢慢往土里陷;什么缺德的事也没作过,可是受这么大的罪。一天到晚我叼着那根烟袋,里边并没有烟,只是那么叼着,算个"意思"而已。我活着也不过是那么个"意思",好像专为给大家当笑话看呢!

好容易,我弄到个事:到河南去当盐务缉私队的队兵。队兵就队兵吧,有饭吃就行呀!借了钱,打点行李,我把胡子剃得光光的上了"任"。

半年的工夫,我把债还清,而且升为排长。别人花俩,我花一个,好还债。别人走一步,我走两步,所以升了排长。委屈并挡不住我的努力,我怕失业。一次失业,就多老上三年,不饿死,也憋闷死了。至于努力挡得住失业挡不住,那就难说了。

我想——哼!我又想了!——我既能当上排长,就能当上队长,不又是个希望吗?这回我留了神,看人家怎作,我也怎作。人家要私钱,我也要,我别再为良心而坏了事;良心在这年月并不值钱。假若我在队上混个队长,连公带私,有几年的工夫,我不是又可以剩下个棺材本儿吗?我简直的没了大志向,只求腿脚能动便去劳动;多咱动不了窝,好,能有个棺材把我装上,不至于教野狗们把我嚼了。我一眼看着天,一眼看着地。我对得起天,再求我能静静的躺在地下。并非我倚老卖老,我才五十来岁;不过,过去的努力既是那么白干一场,我怎能不把眼睛放低一些,只看着我将来的坟头呢!我心里是这么想,我的志愿既这么小,难道老天

人家要私钱,我也要,我别再为良心而坏了事;良心在这年月并不值钱。

高荣生 插图

爷还不睁开点眼吗?

来家信,说我得了孙子。我要说我不喜欢,那简直不近人情。可是,我也必得说出来:喜欢完了,我心里凉了那么一下,不由的自言自语的嘀咕:"哼!又来个小巡警吧!"一个作祖父的,按说,哪有给孙子说丧气话的,可是谁要是看过我前边所说的一大片,大概谁也会原谅我吧?有钱人家的儿女是希望,没钱人家的儿女是累赘;自己的肚中空虚,还能顾得子孙万代,和什么"忠厚传家久,诗书继世长"吗?

我的小烟袋锅儿里又有了烟叶,叼着烟袋,我哑摸着将来的事儿。有了孙子,我的责任还不止于剩个棺材本儿了;儿子还是三等警,怎能养家呢?我不管他们夫妇,还不管孙子吗?这教我心中忽然非常的乱,自己一年比一年的老,而家中的嘴越来越多,哪个嘴不得用窝窝头填上呢!我深深的打了几个嗝儿,胸中仿佛横着一口气。算了吧,我还是少思索吧,没头儿,说不尽!个人的寿数是有限的,困难可是世袭的呢!子子孙孙,万年永实用,窝窝头!

风雨要是都按着天气预测那么来,就无所谓狂风暴雨了。困难若是都按着咱们心中所思虑的一步一步慢慢的来,也就没有把人急疯了这一说了。我正盘算着孙子的事儿,我的儿子死了!

他还并没死在家里呀!我还得去运灵。

福海,自从成家以后,很知道要强。虽然他的本事有限,可是他懂得了怎样尽自己的力量去作事。我到盐务缉私队上来的时候,他很愿意和我一同来,相信在外边可以多一些发展的机会。我拦住了他,因为怕事情不稳,一下子再教父子同时失业,如何得了。可是,我前脚离开了家,他紧随

除了拉洋车,我什么都做过了。

高荣生 插图

着也上了威海卫。他在那里多挣两块钱。独自在外,多挣两块就和不多挣一样,可是穷人想要强,就往往只看见了钱,而不多合计合计。到那里,他就病了;舍不得吃药。及至他躺下了,药可也就没了用。

把灵运回来,我手中连一个钱也没有了。儿媳妇成了年轻的寡妇,带着个吃奶的小孩,我怎么办呢?我没法再出外去作事,在家乡我又连个三等巡警也当不上,我才五十岁,已走到了绝路。我羡慕福海,早早的死了,一闭眼三不知;假若他活到我这个岁数,至好也不过和我一样,多一半还许不如我呢!儿媳妇哭,哭得死去活来,我没有泪,哭不出来,我只能满屋里打转,偶尔的冷笑一声。

以前的力气都白卖了。现在我还得拿出全套的本事,去给小孩子找点粥吃。我去看守空房;我去帮着人家卖菜;我去作泥水匠的小工子活;我去给人家搬家……除了拉洋车,我什么都作过了。无论作什么,我还都卖着最大的力气,留着十分的小心。五十多了,我出的是二十岁的小伙子的力气,肚子里可是只有点稀粥与窝窝头,身上到冬天没有一件厚实的棉袄,我不求人白给点什么,还讲仗着力气与本事挣饭吃,豪横了一辈子,到死我还不能输这口气。时常我挨一天的饿,时常我没有煤上火,时常我找不到一撮儿烟叶,可是我决不说什么;我给公家卖过力气了,我对得住一切的人,我心里没毛病,还说什么呢?我等着饿死,死后必定没有棺材,儿媳妇和孙子也得跟着饿死,那只好就这样吧!谁教我是巡警呢!我的眼前时常发黑,我仿佛已摸到了死,哼!我还笑,笑我这一辈的聪明本事,笑这出奇不公平的世界,希望等我笑到末一声,这世界就换个样儿吧!

且 说 屋 里

一个二十世纪的中国人所能享受与占有的,包善卿已经都享受和占有过,现在还享受与占有着。他有钱,有洋楼,有汽车,有儿女,有姨太太,有古玩,有可作摆设用的书籍,有名望,有身份,有一串可以印在名片上与讣闻上的官衔,有各色的朋友,有电灯、电话、电铃、电扇,有寿数,有胖胖的身体和各种补药。

设若他稍微能把心放松一些,他满可以胖胖的躺在床上,姨太太与儿女们把他伺候得舒舒服服的。即使就这么死去,他的财产也够教儿孙们快乐一两辈子的,他的讣闻上也会有许多名人的题字与诗文,他的棺材也会受得住几十年水土的侵蚀,而且会有六十四名杠夫抬着他游街的。

可是包善卿不愿休息。他有他的"政治生活"。他的"政治生活"不包括着什么主义、主张、政策、计划与宗旨。他只有一个决定,就是他不应当闲着。他要是闲散无事,就是别人正在活动与拿权,他不能受这个。他认为自己所不能参预的事都是有碍于他的,他应尽力地去破坏。反之,凡是足以使他活动的,他都觉得不该放过机会。像一只渔船,他用尽方法利用风势,调动他的帆,以便早些达到鱼多的所在。他不管那些风是否有害于别人,他只为自己的帆看风,不管别的。

看准了风,够上了风,便是他的"政治生活"。够上风以后,他可以用极少的劳力而获得一个中国"政治家"所应得的利益。所以他不愿休息,也不肯休息;平白无故地把看风与用风这点眼力与天才牺牲了,太对不起自己。越到老年,他越觉出自己的眼力准确,越觉出别人的幼稚;按兵不动是冤枉的事。况且他才刚交六十;他知道,只要有口气,凭他的经验与智慧,就是坐在那儿呼吸呼吸,也应当有政治的作用。

他恨那些他所不熟识的后起的要人与新事情,越老他越觉得自己的熟人们可爱,就是为朋友们打算,他也应当随手抓到机会扩张自己的势力。对于新的事情他不大懂,于是越发感到自己的老办法高明可喜。洋人也好,中国人也好,不论是谁,只要给他事作,他就应当去拥护。同样,凡不给他权势的便是敌人。他清清楚楚地承认自己的宽宏大度,也清清楚楚地承认自己的嫉妒与褊狭;这是一个政治家应有的态度。他十分自傲有这个自知之明,这也就是他的厉害的地方;"得罪我与亲近我,你随便吧!"他的胖脸上的微笑表示着这个。

刚办过了六十整寿,他的像片又登在全国的报纸上,下面注着:"新任建设委员会会长包善卿。"看看自己的像,他点了点头:"还得我来!"他想起过去那些政治生活。过去的那些经验使他压得住这个新头衔,这个新头衔既能增多他的经验,又能增高了身份,而后能产生再高的头衔。想到将来的光荣与势力,他微微感到满意于现在。有一二年他的像片没这么普遍地一致地登在各报纸上了;看到这回的,他不能不感到满意;这个六十岁的照像证明出别的政客的庸碌无

袁运生　插图

能，证明了自己的势力的不可轻视与必难消灭。新人新事的确出来不少，可是包善卿是青松翠柏，越老越绿。世事原无第二个办法，包善卿的办法是唯一的，过去如此，现在如此，将来还如此！他的方法是官僚的圣经，他一点不反对"官僚"这两个字；"只有不得其门而入的才叫我官僚，"他在四十岁的时候就这么说过。

看着自己的像片，他觉得不十分像自己。不错，他的胖脸，大眼睛，短须，粗脖子，与圆木筒似的身子，都在那里，可是缺乏着一些生气。这些不足以就代表包善卿。他以几十年的经验知道自己的表情与身段是怎样的玲珑可喜，像名伶那样晓得自己哪一个姿态最能叫好；他不就是这么个短粗胖子。至少他以为也应该把两个姿态照下来，两个最重要的，已经成为习惯而仍自觉地利用着，且时时加以修正的姿态。一个是在面部：每逢他遇到新朋友，或是接见属员，他的大眼会像看见个奇怪的东西似的，极明极大极傻地瞪那么一会儿，腮上的肉往下坠；然后腮上的肉慢慢往上收缩，大眼睛里一层一层的增厚笑意，最后成为个很妩媚的微笑。微笑过后，他才开口说话，舌头稍微团着些，使语声圆柔而稍带着点娇憨，显出天真可爱。这个，哪怕是个冰人儿，也会被他马上给感动过来。

第二个是在脚部。他的脚很厚，可是很小。当他对地位高的人趋进或辞退，他会极巧妙地利用他的小脚：细逗着步儿，弯着点腿，或前或后，非常的灵动。下部的灵动很足给他一身胖肉以不少的危险，可是他会设法支持住身体，同时显出他很灵利，和他的恭敬谦卑。

找到这两点，他似乎才能找到自己。政治生活是种艺术，这两点是他的艺术的表现。他愿以这种姿态与世人相见，最好是在报纸上印出来。可是报纸上只登出个迟重肥胖的人来，似乎是美中不足。

好在，没大关系。有许多事，重大的事，是报纸所不知道的。他想到末一次的应用"脚法"：建设委员会的会长本来十之六七是给王荸老的，可是包善卿在山木那里表现了一番。王荸老所不敢答应山木的，包善卿亲手送过去："你发表我的会长，我发表你的高等顾问！"他向山木告辞时，两脚轻快地细碎地往后退着，腰儿弯着些，提出这个"互惠"条件。果然，王荸老连个委员也没弄到手，可怜的荸老！不论荸老怎样固执不通，究竟是老朋友。得设法给他找个地位！包善卿作事处处想对得住人，他不由地微笑了笑。

王荸老未免太固执！太固执！山木是个势力，不应当得罪。况且有山木作顾问，事情可以容易办得多。他闭上眼想了半天，想个比喻。想不出来。最后想起一个：姨太太要东西的时候，不是等坐在老爷的腿儿上再说吗？但这不是个好比喻。包善卿坐在山木的腿上？笑话！不过呢，有山木在这儿，这次的政治生活要比以前哪一次都稳当、舒服、省事。东洋人喜欢拿权，作事；和他们合作，必须认清了这一点；认清这一点就是给自己的事业保了险。奇怪，王荸老作了一辈子官，连这点还看不透！王荸老什么没作过？教育、盐务、税务、铁道……都作过，都作过，难道还不明白作什么也不过是把上边交下来的，再往下交。把下边呈上来的再呈上去，只须自己签个字？为什么这次非拒绝山木不可呢？奇怪！也许是另有妙计？不能吧？打听打听看；老朋友，但是细心是没过错的。

"大概王荸老总不至于想塌我的台吧？老朋友！"他问自己。他的事永远不愿告诉别人，所以常常自问自答。"不能，王荸老不能！"他想，会长就职礼已平安地举行过；报纸上也没露骨地说什么；委员们虽然有请病假的，可是看我平安无事地就了职，大概一半天内也就会销假的。山木很喜欢，那天还请大家吃了饭，虽然饭菜不大讲究，可是也就很难为了一个东洋人！过去的都很顺当；以后的有山木作主，大概不会出什么乱子的。是的，想法子安置好王荸老吧；一半因为是老朋友，一半因为省得单为这个悬心。至于会里用人，大致也有了个谱儿，几处较硬的介绍已经敷衍过去，以后再有的，能敷衍就敷衍，不能敷衍的好在可以往山木身上推。是的，这回事儿真算我的老运不错！

想法子给山木换辆汽车，这是真的，东洋人喜欢小便宜。自己的车也该换了，不，先给山木换，自己何必忙在这一时！何不一齐呢，真！我是会长，他是顾问，不必，不必和王荸老学，总是让山木一步好！

决定了这个，他这回的政治生活显然是一帆风顺，不必再思索什么了。假如还有值得想一下的，倒是明天三姨太太的生日办不办呢？办呢，她岁数还小，怕教没吃上委员会的家伙们有所借口，说些不三不四的。不办呢，又怕临时来些位客人，不大合适。"政治生活"有个讨厌的地方，就是处处得用"思想"，不是平常人所能干的。在很小的地方，正如在很大的地方，漏了一笔就能有危险。就以娶姨太太说，过政治生活没法子不娶，同时姨太太又能给人以许多麻烦。自然，他想自己在娶姨太太这件事上还算很顺利，一来是自己的福气大，二来是自己有思想，想起在哈尔滨作事时候娶的洋姨太太——后来用五百元打发了的那个——他微笑了笑。再不想要洋的,看着那么白,原来皮肤很粗。啵!他不喜欢看外国电影片,多一半是因为这个。连中国电影也算上,那些明星没有一个真正漂亮的。娶姨太太还是到苏杭一带找个中等人家的雏儿,林黛玉似的又娇又嫩。三姨太太就是这样,比女儿还小着一岁,可比女儿美得多。似乎应当给她办生日,怪可怜的。况且,乘机会请山木吃顿饭也显着不是故意地请客。是的,请山木首席,一共请三四桌人,对大家不提办生日,又不至太冷淡了姨太太,这是思想!

福气使自己腾达,思想使自己压得住富贵,自己的政治生活和家庭生活是个有力的证明。太太念佛吃斋,老老实实。大儿有很好的差事,长女上着大学。二太太有三个小少爷,三太太去年冬天生了个小娃娃。理想的家庭,没闹过一桩满城风雨的笑话,好容易!最不放心的是大儿大女,在外边读书,什么坏事学不来!可是,大儿已有了差事,不久就结婚;女儿呢,只盼顺顺当当毕了业,找个合适的小人嫁出去;别闹笑话!过政治生活的原不怕闹笑话,可是自己是老一辈的人,不能不给后辈们立个好榜样,这是政治道德。作政治没法不讲道德,政治舞台是多么危险的地方,没有道德便没有胆量去冒险。自己六十岁了,还敢出肩重任,道德不充实可能有这个勇气?自己的道德修养,不用说,一定比自己所能看到的还要高着许多,一定。

他不愿再看报纸上那个像片,那不过是个短粗而无生气的胖子,而真正的自己是有思想、道德、有才具、有经验、有运气的政治家!认清了这个,他心里非常平静,像无波的秋水映着一轮明月。他想和姨太太们凑几圈牌,为是活动活动自己的心力,太平静了。

"老爷,方委员,"陈升轻轻的把张很大的名片放在小桌上。

"请",包善卿喜欢方文玉,方文玉作上委员完全仗着他的力量。方文玉来的时间也正好,正好二男二女——两个姨太太——凑几圈儿。

方文玉进来,包善卿并没往起立,他知道方文玉不会恼他,而且会把这样的不客气认成为亲热的表示。可是他的眼睛张大,而后渐渐地一层层透出笑意,他知道这足以补足没往起立的缺欠,而不费力地牢笼住方文玉的心。搬弄着这些小小的过节,他觉得出自己的优越,有方文玉在这儿比着,他不能不承认自己的经验与资格。

"文玉!坐,坐!懒得很,这两天够我老头子……哈哈!"他必须这样告诉文玉,表示他并没在家里闲坐着,他最不喜欢忙乱,而最爱说他忙;会长要是忙,委员当然知道应当怎样勤苦点了。

"知道善老忙,现在,我——"方文玉不敢坐下,作出进退两难的样子,唯恐怕来的时间不对而讨人嫌。

"坐!来得正好!"看着方文玉的表演,他越发喜欢这个人,方文玉是有出息的。

方文玉有四十多岁,高身量,白净子脸,带着点烟气。他没别的嗜好,除了吃口大烟。在包善卿眼中,他是个有为的人,精明、有派头、有思想,可惜命不大强,总跳腾不起去。这回很卖了些力气才给他弄到了个委员,很希望他能借着这一步而走几年好运。

"文玉,你来得正好,我正想凑几圈,带着硬的呢?"包善卿团着舌尖，显出很天真淘气。

"伺候善老，输钱向来是不给的！"方文玉张开口，可是不敢高声笑，露出几个带烟釉的长牙来。及至包善卿哈哈笑了，他才接着出了声。

"本来也是，"包善卿笑完，很郑重地说，"一个委员拿五百六，没车马费，没办公费，苦事！不过，文玉你得会利用，眼睛别闲着；等山木拟定出工作大纲来，每个县城都得安人；留点神，多给介绍几个人。这些人都有县长的希望。可不能只靠着封介绍信！这或者能教你手里松动一点，不然的话，你得赔钱；五百六太损点，五百六！"他的大眼睛看着自己的小胖脚尖，不住地点头。待了一会儿："好吧，今天先记你的账好了。有底没有？"

"有！小刘刚弄来一批地道的，请我先尝尝，烟倒是不坏，可是价儿也够瞧的。"方文玉摇了摇头，用烧黄的手指夹起支"炮台"来。

"我这也有点，也不坏，跟二太太要好了；她有时候吃一口。我不准她多吃！咱们到里院去吧？"包善卿想立起来。

他还没站利落，电话铃响了。他不爱接电话。许多电玩艺儿，他喜欢安置，而不愿去使用。能利用电力是种权威，命令仆人们用电话叫菜或买别的东西，使他觉得他的命令能够传达很远，可是他不愿自己去叫与接电话。他知道自己不是破命去坐飞机的那种政治家。

"劳驾吧，"他立好，小胖脚尖往里一逗，很和蔼地对方文玉说。

方文玉的长腿似乎一下子就迈到了电机旁，拿起耳机，回头向包善卿笑着："喂，要哪里？包宅，啊，什么？噢，墨老！是我，是的！跟善老说话？啊，您也晓得善老不爱接电，嘻嘻，好，我代达！……好，都听明白了，明天见，明天见！"看了耳机一下，挂上。

"墨山？"包善卿的下巴往里收，眼睛往前努，作足探问的姿势。

"墨山，"方文玉点了点头，有些不大愿意报告的样子。"教我跟善老说两件事，头一件，明天他来给三太太贺寿，预备打几圈。"

"记性是真好，真好！"包善卿喜欢人家记得小姨太太的生日。"第二件？"

"那什么，那什么，他听说，听说，未必正确，大概学生又要出来闹事！"

"闹什么？有什么可闹的？"包善卿声音很低，可是很清楚，几乎是一字一字地说。

"墨老说，他们要打倒建设委员会呢！"

"胡闹！"包善卿坐下，脚尖在地上轻轻地点动。

"那什么，善老，"方文玉就着烟头又点着了一支新的，"这倒要防备一下。委员会一切都顺利；不为别的，单为求个吉利，也不应当让他们出来，满街打着白旗，怪丧气的。好不好通知公安局，先给您这儿派一队人来，而后让他们每学校去一队，禁止出入？"

"我想想看，想想看，"包善卿的脚尖点动得更快了，舌尖慢慢地舐着厚唇，眨巴着眼。过了好大一会儿，他笑了："还是先请教山木，你看怎样？"

"好！好！"方文玉把烟灰弹在地毯上，而后用左手捏了鼻子两下，似乎是极深沉地搜索妙策："不过，无论怎说，还是先教公安局给您派一队人来,有个准备,总得有个准备。要便衣队,都带家伙,把住胡同的两头。"他的带烟气的脸上露出青筋,离离光光的眼睛放出一些浮光。"把住两头,遇必要时只好对不起了,拍拍一排枪。拍拍一排枪,没办法!"

"没办法!"包善卿也挂了气,可是还不像方文玉那么浮躁。"不过总是先问问山木好,他要用武力解决呢,咱们便问心无愧。他主张和平呢,咱们便无须乎先表示强硬。我已经想好,明天请山木吃饭,正好商量商量这个。"

"善老,"方文玉有点抱歉的神气,"请原谅我年轻气浮,明天万一太晚了呢?即使和山木可以明天会商。您这儿总是先来一队人好吧?"

"也好,先调一队人来,"包善卿低声地像对自己说。又待了一会儿,他像不愿意而又不得不说的,看了方文玉一眼;仿佛看准方文玉是可与谈心的人,他张开了口。"文玉,事情不这么简单。我不能马上找山木去。为什么?你看,东洋人处处细心。我一见了他,他必先问我,谁是主动人?你想啊,一群年幼无知的学生懂得什么,背后必有人鼓动。你大概要说共产党?"他看见方文玉的嘴动了下。"不是!不是!"极肯定而有点得意地他摇了摇头。"中国就没有共产党,我活了六十岁,还没有看见一个共产党。学生背后必有主动人,弄点糖儿豆儿的买动了他们,主动人好上台,代替你我,你——我——"他的声音提高了些,胖脸上红起来。"咱们得先探听明白这个人或这些人是谁,然后才不至被山木问住。你看,好比山木这么一问,谁是主动人?我答不出;好,山木满可以撅着小黑胡子说:谁要顶你,你都不晓得？这个，我受不了。怎么处置咱们的敌人，可以听山木的；咱们可得自己找出敌人是谁。是这样不是？是不是？"

方文玉的长脑袋在细脖儿上绕了好几个圈，心中"很"佩服，脸上"极"佩服，包善老。"我再活四十多也没您这个心路，善老！"

善老没答碴，眼皮一搭拉，接受对他的谀美。"是的，擒贼先擒王，把主动人拿住。学生自然就老实了。这就是方才说过的了：和平呢还是武力呢，咱们得听山木的，因为主动人的势力必定小不了。"他又想了想："假如咱们始终不晓得他是谁，山木满可以这么说，你既不知道为首的人，那就只好拿这回事当作学潮办吧。这可就糟了，学潮，一点学潮，咱们还办不了，还得和山木要主意？这岂不把乱子拉到咱们身上来？你说的不错，拍拍一排枪，准保打回去，一点不错；可是拍拍一排枪犯不上由咱们放呀。山木要是负责的话，管他呢，拍拍一排开花炮也可以！是不是，文玉，我说的是不是？"

"是极！"方文玉用块很脏的绸子手绢擦了擦青眼圈儿。"不过，善老，就是由咱们放枪也无所不可。即使学生背后有主动人，也该惩罚他们——不好好读书，瞎闹哄什么呢！东洋朋友、中国朋友、商界，都拥护我们。除了学生，除了学生！不能不给小孩子们个厉害！我们出了多少力，费了多少心血，才有今日，临完他们喊打倒。善老？"看着善老连连点头，他那点吃烟人所应有的肝火消散了点。"这么办吧，善老，我先通知公安局派一队人来，然后咱们再分头打电打听打听谁是为首的人。"他的眼忽然一亮，"善老，好不好召集全体委员开个会呢！"

"想想看，"包善卿决定不肯被方文玉给催迷了头，在他的经验里，没有办法往往是最好的办法，而延宕足以杀死时间与风波。"先不用给公安局打电；他们应当赶上咱们来，这是他们当一笔好差事的机会，咱们不能迎着他们去。至于开会，不必：一来是委员们都没在这儿，二来委员不都是由你我荐举的，开了会倒麻烦，倒麻烦。咱们顶好是先打听为首之人；把他打听到，"包善卿两只肥手向外一推，"一股拢总全交给山木。省心，省事，不得罪人！"

方文玉刚要张嘴，电话铃又响了。

这回，没等文玉表示出来愿代接电的意思，包善卿的小胖脚紧动慢动地把自己连跑带转地挪过去，像个着了忙的鸭子。摘下耳机，他张开了大嘴喘了一气。"哪里？噢，冯秘书，近来好？啊，啊，啊！局长呢？噢，我忘了，是的，局长回家给老太太作寿去了，我的记性太坏了！那……嗯……请等一等，我想想看，再给你打电，好，谢谢，再见！"挂上耳机。他仿佛接不上气来了。一大堆棉花似的瘫在大椅子上。闭了会儿眼，他低声地说："记性太坏了，那天给常局长送过去了寿幛，今天就会忘了，要不得！要不得！"

"冯秘书怎么说？"方文玉很关切地问。

"哼，学生已经出来了，冯子才跟我要主意！"包善卿勉强着笑了笑。"我刚才说什么来着？咱们还没教他们派人来呢，他们已经和我要主意；要是咱们先张了嘴，公安局还不搬到我这儿来办公？跟我要主意，他们是干什么的？"

"可是学生已经出来了！"方文玉也想不出办法，可是因为有嗜好，所以胆子更小一点。"您想怎样回复冯子才呢？"

"他当然会给常局长打电报要主意；我不挣那份钱，管不着那段事。"包善卿看着桌上的案头日历。

"您这儿没人保护可不行呀!"方文玉又善意地警告。

"那,我有主意,"包善卿知道学生已经出来,不能不为自己的安全设法了。"文玉,你给张七打个电话,教他马上送五十打手来,都带家伙,每人一天八毛,到委员会领钱,他们比巡警可靠!"

方文玉放了点心,马上给张七打了电话。包善卿也似乎无可顾虑了,躺在沙发上闭了眼。方文玉看着善老,不愿再思索什么,可是总惦记着冯秘书。善老真稳,怎么不给冯回电呢?包善卿早把冯子才忘了,他早知道冯子才若是看事不妙必会偷偷地跑掉,用不着替他担忧,他心中正一一地数点家里的人,自要包家的人都平安,别的都没大关系。他忽然睁开眼,坐起来,按电铃。一边按一边叫:"陈升!陈升!"

陈升轻快地跑进来。

"陈升,大小姐回来没有?"他探着脖,想看桌上的日历:"今天不是礼拜天吗?"

"是礼拜,大小姐没回家,"陈升一边回答,一边倒茶。

"给学校打电,叫她回来,快!"包善卿十分着急地说。"等等再倒茶,先打电!"对于儿女,他最爱的是大小姐,最不放心的也是大小姐。她是大太太生的,又是个姑娘,所以他对于她特别地慈爱,慈爱之中还有些尊重的意思,姨太太们生的小孩自然更得宠爱,可是止于宠爱;在大姑娘身上,只有在她身上,他仿佛找到了替包家维持家庭中的纯洁与道德的负责人。她是"女儿",非得纯美得像一朵水仙花不可。这朵水仙花供给全家人一些清香,使全家人觉得他们有个鲜花似的千金小姐,而不至于太放肆与胡闹了。大小姐要是男女混杂地也到街上去打旗瞎喊,包家的鲜花就算落在泥中了,因为一旦和男学生们接触,女孩子是无法保持住纯洁的。

"老爷,学校电话断了!"陈升似乎还不肯放手耳机,回头说完这句,又把耳机放在耳旁。

"打发小王去接!紧自攥着耳机干什么呀!"包善卿的眼瞪得极大,短胡子都立起来。陈升跑出去,门外汽车嘟嘟起来。紧跟着,他又跑回:"老爷,张七带着人来了。"

"叫他进来!"包善卿的手微微颤起来,"张七"两个字似乎与祸乱与厮杀有同一的意思,祸乱来在自己的门前,他开始害了怕;虽然他明知道张七是来保护他的。

张七没敢往屋中走,立在门口外:"包大人,对不起您,我才带来三十五个人;今天大家都忙,因为闹学生,各处用人;我把这三十五个放在您这儿,马上再去找,误不了事,掌灯以前,必能凑齐五十名。"

"好吧,张七,"包善卿开开屋门,看了张七一眼:"他们都带着家伙哪?好!赶快去再找几名来!钱由委员会领;你的,我另有份儿赏!"

"您就别再赏啦,常花您的!那么,我走了,您没别的吩咐了?"张七要往外走。

"等等,张七,汽车接大小姐去了,等汽车回来你再走;先去看看那些人们,东口西口和门口分开了站!别都扎在一堆儿!"

张七出去检阅,包善卿回头看了看方文玉,"文玉,你看怎样!不要紧吧?"关上屋门,他背着手慢慢地来回走。

"没准儿了!"方文玉也立起来,脸上更灰暗了些。"毛病是在公安局。局长没在这儿,冯子才大概——"

"大概早跑啦!"包善卿接过去。"空城计,非乱不可,非乱不可,这玩艺,这玩艺,咱们始终不知为首的是谁,有什么办法呢?"

电话!方文玉没等请示,抓下耳机来。"谁?小王?……等等!"偏着点头:"善老,车夫小王在街上借的电话。学生都出去了,大小姐大概也随着走了;街上很乱,打上了!"

"叫小王赶紧回来!"

"你赶紧回来!"方文玉凶狠地挂上耳机,心中很乱,想烧口烟吃。

"陈升!"包善卿向窗外喊:"叫张七来!"

这回,张七进了屋中,很规矩地立着。

"张七,五十块钱的赏,去把大小姐给找来!你知道她的学校?"

"知道!可是,包大人,成千成万的学生,叫我上哪儿去找她呢?我一个人,再添上俩,找到小姐也没法硬拉出来呀!"

"你去就是了,见机而作!找了来,我另给你十块!"方文玉看着善老,交派张七。

"好吧,我去碰碰!"张七不大乐观地走出去。

"小王回来了,老爷"陈升进来报告。

"那什么,陈升,把帽子给我。"包善卿愣了会儿,转向方文玉:"文玉,你别走,我出去看看,一个女孩子人家,不能——"

"善老!"方文玉抓住了善老的手,手很凉。"您怎能出去呢!让我去好了。认识我的少一点,您的像片——"

二人同时把眼转到桌上的报纸上。

"文玉你也不能出去!"包善卿腿一软,坐下了。"找山木想办法行不行?这不能算件小事吧?我的女儿!他要是派两名他的亲兵,准能找回来!"

"万一他不管,可不大得劲儿!"方文玉低声地说。

"听!"包善卿直起身来。

包宅离大街不十分远,平常能听得见汽车的喇叭声。现在,像夏日大雨由远而近地那样来了一片继续不断的,混乱而低切的吵嚷,分不出是什么声音,只是那么流动的,越来越近的一片,一种可怕的怒潮,向前涌进。

方文玉的脸由灰白而惨绿,猛然张开口,咽了一口气。"善老,咱们得逃吧!"

包善卿的嘴动了动,没说出什么来,脸完全紫了。怒气与惧怕往两下处扯他的心,使他说不出话来。"学生!学生!一群毛孩子!"他心里说:"你们懂得什么!懂得什么!包善卿的政治生活非生生让你们吵散不可!包善卿有什么对不起人的地方!混账,一群混账!"

张七拉开屋门,没顾得摘帽子:"大人,他们到了!我去找大小姐,恰好和他们走碰了头!"

"西口把严没有?"包善卿好容易说出话来。

"他们不上这儿来,上教场去集合。"

"自要进来,开枪,我告诉你!"包善卿听到学生们不进胡同,强硬了些。

"听!"张七把屋门推开。

"打倒卖国贼!"千百条嗓子同时喊出。

包善卿的大眼向四下里找了找,好似"卖国贼"三个字像个风筝似的从空中落了下来。他没找到什么,可是从空中又降下一声:"打倒卖国贼!"他看了看方文玉,看了看张七,勉强地要笑笑,没笑出来。"七,""张"字没能说利落:

"大小姐呢？我教你去找大小姐！"

"这一队正是大小姐学校里的，后面还有一大群男学生。"

"看见她了？"

"第一个打旗的就是大小姐！"

"打倒卖国贼！"又从空中传来一声。

在这一声里，包善卿仿佛清清楚楚地听见了自己女儿的声音。

"好，好！"他的手与嘴唇一劲儿颤。"无父无君，男盗女娼的一群东西！我会跟你算账，甭忙，大小姐！别人家的孩子我管不了，你跑不出我的手心去！爸爸是卖国贼，好！"

"善老！善老！"方文玉的烟瘾已经上来，强挣扎着劝慰："不必生这么大的气，大小姐年轻，一时糊涂，不能算是真心反抗您，绝对不能！"

"你不知道！"包善卿颤得更厉害了。"她要是想要钱，要衣裳，要车，都可以呀，跟我明说好了；何必满街去喊呢！疯了？卖国贼，爸爸是卖国贼，好听？混账，不要脸！"

电话！没人去接。方文玉已经瘾得不爱动，包善卿气得起不来。

张七等铃响了半天，搭讪着过去摘下耳机。"……等等。大人，公安局冯秘书。"

"挂上，没办法！"包善卿躺在沙发上。

"陈升！陈升！"方文玉低声地叫。

陈升就在院里呢，赶快进来。

方文玉向里院那边指了指，然后撅起嘴唇，像叫猫似的轻轻响了几下。

陈升和张七一同退出去。

不成问题的问题

任何人来到这里——树华农场——他必定会感觉到世界上并没有什么战争,和战争所带来的轰炸、屠杀,与死亡。专凭风景来说,这里真值得被称为乱世的桃源。前面是刚由一个小小的峡口转过来的江,江水在冬天与春天总是使人愿意跳进去的那么澄清碧绿。背后是一带小山。山上没有什么,除了一丛丛的绿竹矮树,在竹、树的空处往往露出赭色的块块儿,像是画家给点染上的。

小山的半腰里,那青青的一片,在青色当中露出一两块白墙和二三屋脊的,便是树华农场。江上的小渡口,离农场大约有半里地,小船上的渡客,即使是往相反的方向去的,也往往回转头来,望一望这美丽的地方。他们若上了那斜着的坡道,就必定向农场这里指指点点,因为树上半黄的橘柑,或已经红了的苹果,总是使人注意而想夸赞几声的。到春暖花开的时候,或遇到什么大家休假的日子,城里的士女有时候也把逛一逛树华农场作为一种高雅的举动,而这农场的美丽恐怕还多少地存在一些小文与短诗之中咧。

创办一座农场必定不是为看着玩的:那么,我们就不能专来讴赞风景而忽略更实际一些的事儿了。由实际上说,树华农场的用水是没有问题的,因为江就在它的脚底下。出品的运出也没有问题。它离重庆市不过三十多里路,江中可以走船，江边上也有小路。它的设备是相当可观的：有鸭鹅池、有兔笼、有花畦、有菜圃、有牛羊圈、有果园。鸭蛋、鲜花、青菜、水果、牛羊乳……都正是像重庆那样的都市所必需的东西。况且，它的创办正在抗战的那一年：重庆的人口，在抗战后，一天比一天多；所以需要的东西，像青菜与其他树华农场所产生的东西，自然的也一天比一天多。赚钱是没有问题的。

从渡口上的坡道往左走不远，就有一些还未完全风化的红石，石旁生着几丛细竹。到了竹丛，便到了农场的窄而明洁的石板路。离竹丛不远，相对的长着两株青松，松树上挂着两面粗粗刨平的木牌，白漆漆着"树华农场"。石板路边，靠江的这一面，都是花；使人能从花的各种颜色上，慢慢地把眼光移到碧绿的江水上面去。靠山的一面是许多直立的扇形的葡萄架，架子的后面是各种果树。走完了石板路，有一座不甚高，而相当宽的藤萝架，这便是农场的大门，横匾上刻着"树华"两个隶字。进了门，在绿草上，或碎石堆花的路上，往往能看见几片柔软而轻的鸭鹅毛，因为鸭鹅的池塘便在左手方。这里的鸭是纯白而肥硕的，真正的北平填鸭。对着鸭池是平平的一个坝子，满种着花草与菜蔬。在坝子的末端，被竹树掩覆着，是办公厅。这是相当坚固而十分雅致的一所两层的楼房，花果的香味永远充满了全楼的每一角落。牛羊圈和工人的草舍又在楼房的后边，时时有羊羔悲哀地啼唤。

这一些设备，教农场至少要用二十来名工人。可是，以它的生产能力，和出品销路的良好来说，除了一切开销，它还应当赚钱。无论是内行人还是外行人，只要看过这座农场，大概就不会想像到这是赔钱的事业。

然而，树华农场赔钱。

创办的时候，当然要往"里"垫钱。但是，鸡鸭、青菜、鲜花、牛羊乳，都是不需要很长的时间就可以在利润方面有些数目字的。按照行家的算盘上看，假若第二年还不十分顺利的话，至迟在第三年的开始就可以绝对地看赚了。

可是，树华农场的赔损是在创办后的第三年。在第三年首次股东会议的时候，场长与股东们都对着账簿发了半天的愣。

赔点钱，场长是绝不在乎的，他不过是大股东之一，而被大家推举出来作场长的。他还有许多比这座农场大得多的事业。可是，即使他对这小小的事业赔赚都不在乎，即使他一走到院中，看看那些鲜美的花草，就把赔钱的事忘得一干二净，他现在——在股东会上——究竟有点不大好过。他自信是把能手，他到处会赚钱，他是大家所崇拜的实业家。农场赔钱？这伤了他的自尊心。他赔点钱，股东他们赔点钱，都没有关系：只是，下不来台！这比什么都要紧！

股东们呢，多数的是可以与场长立在一块儿呼兄唤弟的。他们的名望、资本、能力，也许都不及场长，可是在赔个万儿八千块钱上来说，场长要是沉得住气，他们也不便多出声儿。很少数的股东的确是想投了资，赚点钱，可是他们不便先开口质问，因为他们股子少，地位也就低，假若粗着脖子红着筋地发言，也许得罪了场长和大股东们——这，恐怕比赔点钱的损失还更大呢。

事实上，假若大家肯打开窗子说亮话，他们就可以异口同声地，确凿无疑地，马上指出赔钱的原因来。原因很简单,他们错用了人。场长,虽然是场长,是不能、不肯、不会、不屑于到农场来监督指导一切的。股东们也不会十趟八趟跑来看看的——他们只愿在开会的时候来作一次远足,既可以欣赏欣赏乡郊的景色,又可以和老友们喝两盅酒,附带地还可以露一露股东的身份。除了几个小股东,多数人接到开会的通知,就仿佛在箱子里寻找迎节当令该换的衣服的时候,偶然的发现了想不起怎么随手放在那里的一卷钞票——"嗷,这儿还有点玩艺儿呢!"

农场实际负责任的人是丁务源,丁主任。

丁务源,丁主任,管理这座农场已有半年。农场赔钱就在这半年。

连场长带股东们都知道,假若他们脱口而出地说实话,他们就必定在口里说出"赔钱的原因在——"的时节,手指就确切无疑地伸出,指着丁务源!丁务源就在一旁坐着呢。

但是,谁的嘴也没动,手指自然也就无从伸出。

他们,连场长带股东,谁没吃过农场的北平大填鸭,意大利种的肥母鸡,琥珀心的松花,和大得使儿童们跳起来的大鸡蛋鸭蛋?谁的瓶里没有插过农场的大枝的桂花、腊梅、红白梅花,和大朵的起楼子的芍药,牡丹与茶花?谁的盘子里没有盛过使男女客人们赞叹的山东大白菜,绿得像翡翠般的油菜与嫩豌豆?

这些东西都是谁送给他们的?丁务源!

再说,谁家落了红白事,不是人家丁主任第一个跑来帮忙?谁家出了不大痛快的事故,不是人家丁主任像自天而降的喜神一般,把大事化小,小事化无?

是的,丁主任就在这里坐着呢。可是谁肯伸出指头去戳点他呢?

什么责任问题,补救方法,股东会都没有谈论。等到丁主任预备的酒席吃残,大家只能拍拍他的肩膀,说声"美满闭会"了。

丁务源是哪里的人?没有人知道。他是一切人——中外无别——的乡亲。他的言语也正配得上他的籍贯,他会把他所到过的地方的最简单的话,例如四川的"啥子"与"要得",上海的"唔啥",北平的"妈啦巴子"……都美好的联结到一处,变成一种独创的"国语";有时候也还加上一半个"孤得",或"夜司",增加一点异国情味。

四十来岁,中等身量,脸上有点发胖,而肉都是亮的,丁务源不是个俊秀的人,而令人喜爱。他脸上那点发亮的肌肉,已经教人一见就痛快,再加上一对光满神足,顾盼多姿的眼睛,与随时变化而无往不宜的表情,就不只讨人爱,而且令人信任他了。最足以表现他的天才而使人赞叹不已的是他的衣服。他的长袍,不管是绸的还是布的,不管是单的还是棉的,永远是半新半旧的,使人一看就感到舒服;永远是比他的身材稍微宽大一些,于是他垂着手也好,揣着手也好,掉背着手更好,老有一些从容不迫的气度。他的小褂的领子与袖口,永远是洁白如雪;这样,即使大褂上有一小块油渍,或大襟上微微有点折绉,可是他的雪白的内衣的领与袖会使人相信他是最爱清洁的人。他老穿礼服呢厚白底子的鞋,而且裤脚儿上扎着绸子带儿;快走,那白白的鞋底与颤动的腿带,会显出轻灵飘洒;慢走,又显出雍容大雅。长袍,布底鞋,绸子裤脚带儿合在一处,未免太老派了,所以他在领子下面插上了一支派克笔和一支白亮的铅笔,来调和一下。

他老在说话，而并没说什么。"是呀"，"要得么"，"好"，这些小字眼被他轻妙地插在别人的话语中间，就好像他说了许多话似的。到必要时，他把这些小字眼也收藏起来，而只转转眼珠，或轻轻一咬嘴唇，或给人家从衣服上弹去一点点灰。这些小动作表现了关切、同情、用心，比说话的效果更大得多。遇见大事，他总是斩钉截铁地下这样的结论——没有问题，绝对的！说完这一声，他便把问题放下，而闲扯些别的，使对方把忧虑与关切马上忘掉。等到对方满意地告别了，他会倒头就睡，睡三四个钟头；醒来，他把那件绝对没有问题的事忘得一干二净。直等到那个人又来了，他才想起原来曾经有过那么一回事，而又把对方热诚地送走。事情，照例又推在一边。及至那个人快恼了他的时候，他会用农场的出品使朋友仍然和他和好。天下事都绝对没有问题，因为他根本不去办。

他吃得好，穿得舒服，睡得香甜，永远不会发愁。他绝对没有任何理想，所以想发愁也无从发起。他看不出彼此敷衍有什么不对的地方。他只知道敷衍能解决一切，至少能使他无忧无虑，脸上胖而且亮。凡足以使事情敷衍过去的手段，都是绝妙的手段。当他刚一得到农场主任的职务的时候，他便被姑姑老姨舅爷，与舅爷的舅爷包围起来，他马上变成了这群人的救主。没办法，只好一一敷衍。于是一部分有经验的职员与工人马上被他"欢送"出去，而舅爷与舅爷的舅爷都成了护法的天使。占据了地上的乐园。

没被辞退的职员与园丁，本都想辞职。可是，丁主任不给他们开口的机会。他们由书面上通知他，他连看也不看。

于是，大家想不辞而别。但是，赶到真要走出农场时，大家的意见已经不甚一致。新主任到职以后，什么也没过问，而在两天之中把大家的姓名记得飞熟，并且知道了他们的籍贯。

"老张！"丁主任最富情感的眼，像有两条紫外光似的射到老张的心里，"你是广元人呀？乡亲！硬是要得！"丁主任解除了老张的武装。

"老谢！"丁主任的有肉而滚热的手拍着老谢的肩膀，"噢，恩施？好地方！乡亲！要得么！"于是，老谢也缴了械。

多数的旧人们就这样受了感动，而把"不辞而别"的决定视为一时的冲动，不大合理。那几位比较坚决的，看朋友们多数鸣金收兵，也就不便再说什么，虽然心里还有点不大得劲儿。及至丁主任的胖手也拍在他们的肩头上，他们反觉得只有给他效劳，庶几乎可以赎出自己的行动幼稚、冒昧的罪过来。"丁主任是个朋友！"这句话即使不便明说，也时常在大家心中飞来飞去，像出笼的小鸟，恋恋不忍去似的。

大家对丁主任的信任心是与时俱增的。不管大事小事，只要向丁主任开口，人家丁主任是不会眨眨眼或愣一愣再答应的。他们的请托的话还没有说完，丁主任已说了五个"要得"。丁主任受人之托，事实上，是轻而易举的。比方说，他要进城——他时常进城——有人托他带几块肥皂。在托他的人想，丁主任是精明人，必能以极便宜的价钱买到极好的东西。而丁主任呢，到了城里，顺脚走进那最大的铺子，随手拿几块最贵的肥皂。拿回来，一说价钱，使朋友大吃一惊。"货物道地，"丁主任要交代清楚，"你晓得！多出钱，到大铺子去买，吃不了亏！你不要，我还留着用呢！你怎样？"怎能不要呢，朋友只好把东西接过去，连声道谢。

大家可是依旧信任他。当他们暗中思索的时候，他们要问：托人家带东西，带来了没有？带来了。那么人家没有失信。东西贵，可是好呢。进言无二价的大铺子买东西，谁不会呢，何必托他？不过，既然托他，他——堂堂的丁主任——岂是挤在小摊子上争钱讲价的人？这只能怪自己，不能怪丁主任。

慢慢地，场里的人们又有耳闻：人家丁主任给场长与股东们办事也是如此。不管办个"三天"，还是"满月"，丁主任必定闻风而至，他来到，事情就得由他办。烟，能买"炮台"就买"炮台"，能买到"三五"就是"三五"。酒，即使找不到"茅台"与"贵妃"，起码也是绵竹大曲。饭菜，噢，先不用说饭菜吧，就是糖果也必得是冠生园的，主人们没法挑眼。不错，丁主任的手法确是太大；可是，他给主人们作了脸哪。主人说不出话来，而且没法不佩服丁主任见过世面。有时候，主妇们因为丁主任太好铺张而想表示不满，可是丁主任送来的礼物，与对她们的殷勤，使她们也无从开口。她们既不出声，男人们就感到事情都办得合理，而把丁主任看成了不起的人物。这样，丁主任既在场长与股东们眼中有了身份，农场里的人们就不敢再批评什么；即使吃了他的亏，似乎也是应当的。

及至丁主任作到两个月的主任，大家不但不想辞职，而且很怕被辞了。他们宁可舍着脸去逢迎谄媚他，也不肯失掉了地位。丁主任带来的人，因为不会作活，也就根本什么也不干。原有的工人与职员虽然不敢照样公然怠工，可是也不便再像原先那样实对实地每日作八小时工。他们自动把八小时改为七小时，慢慢地又改为六小时，五小时。赶到主任进城的时候，他们干脆就整天休息。休息多了，又感到闷得慌，于是麻将与牌九就应运而起；牛羊们饿得乱叫，也压不下大家的欢笑与牌声。有一回，大家正赌得高兴，猛一抬头，丁主任不知道什么时候人不知鬼不觉地站在老张的后边！大家都愣了！

"接着来，没关系！"丁主任的表情与语调顿时教大家的眼都有点发湿。"干活是干活，玩是玩！老张，那张八万打得好，要得！"

大家的精神，就像都刚胡了满贯似的，为之一振。有的人被感动得手指直颤。

大家让主任加入。主任无论如何不肯破坏原局。直等到四圈完了，他才强被大家拉住，改组。"赌场上可不分大小，赢了拿走，输了认命，别说我是主任，谁是园丁！"主任挽起雪白的袖口，微笑着说。大家没有异议。"还玩这么大的，可是加十块钱的望子，自摸双？"大家又无异议。新局开始。主任的牌打得好。不但好，而且牌品高，打起牌来，他一声不出，连"要得"也不说了。他自己胡牌，轻轻地好像抱歉似的把牌推倒。别人胡牌，他微笑着，几乎是毕恭毕敬地送过筹码去。十次，他总有八次赢钱，可是越赢越受大家敬爱；大家仿佛宁愿把钱输给主任，也不愿随便赢别人几个。把钱输给丁主任似乎是一种光荣。

不过，从实际上看，光荣却不像钱那样有用。钱既输光，就得另想生财之道。由正常的工作而获得的收入，谁都晓得，是有固定的数目。指着每月的工资去与丁主任一决胜负是作不通的。虽然没有创设什么设计委员会,大家可是都在打主意,打农场的主意。主意容易打,执行的勇气却很不易提起来。可是,感谢丁主任,他暗示给大家,农场的东西是可以自由处置的。没看见吗,农场的出品,丁主任都随便自己享受,都随便拿去送人。丁主任是如此,丁主任带来的"亲兵"也是如此,那么,别人又何必分外的客气呢?

于是,树华农场的肥鹅大鸭与油鸡忽然都罢了工,不再下蛋,这也许近乎污蔑这一群有良心的动物们,但是农场的账簿上千真万确看不见那笔蛋的收入了。外间自然还看得见树华的有名的鸭蛋——为孵小鸭用的——可是价钱高了三倍。找好鸭种的人们都交头接耳地嘀咕:"树华的填鸭鸭蛋得托人情才弄得到手呢。"在这句话里,老张、老谢、老李都成了被恳托的要人。

在蛋荒之后,紧接着便是按照科学方法建造的鸡鸭房都失了科学的效用。树华农场大闹黄鼠狼,每晚上都丢失一两只大鸡或肥鸭。有时候,黄鼠狼在白天就出来为非作歹,而在他们最猖獗的时间,连牛犊和羊羔都被劫去;多么大的黄鼠狼呀!

鲜花、青菜、水果的产量并未减少,因为工友们知道完全不工作是自取灭亡。在他们赌输了,睡足了之后,他们自动地努力工作,不是为公,而是为了自己。不过,产量虽未怎减少,农场的收入却比以前差的多了。果子、青菜,据说都闹虫病。果子呢,须要剔选一番,而后付运,以免损害了农场的美誉。不知道为什么那些落选的果子仿佛更大更美丽一些,而先被运走。没人能说出道理来,可是大家都喜欢这么作。菜蔬呢,以那最出名的大白菜说吧,等到上船的时节，三斤重的就变成了一斤或一斤多点；那外面的大肥叶子——据说是受过虫伤的——都被剥下来，洗净，另捆成一把一把的运走，当作"猪菜"卖。这种猪菜在市场上有很高的价格。

这些事，丁主任似乎知道，可没有任何表示，当夜里闹黄鼠狼子的时候，即使他正醒着，听得明明白白，他也不会失去身份地出来看看。及至次晨有人来报告，他会顺口答音地声明："我也听见了，我睡觉最警醒不过！"假若他高兴，他会继续说上许多关于黄鼬和他夜间怎样警觉的故事，当被黄鼬拉去而变成红烧的或清炖的鸡鸭，摆在他的眼前，他就绝对不再提黄鼬，而只谈些烹饪上的问题与经验，一边说着，一边把最肥的一块鸭夹起来送给别人："这么肥的鸭子，非挂炉烧烤不够味；清炖不相宜，不过，汤还要得！"他极大方地尝了两口汤。工人们若献给他钱——比如卖猪菜的钱——他绝对不肯收。"咱们这里没有等级，全是朋友；可是主任到底是主任，不能吃猪菜的钱！晚上打几圈儿好啦！要得吗？"他自己亲热地回答上，"要得！"把个"得"字说得极长。几圈麻将打过后，大家的猪菜钱至少有十分之八，名正言顺地入了主任的腰包。当一五一十的收钱的时候，他还要谦逊地声明："咱们的牌都差不多，谁也说不上高明。我的把弟孙宏英，一月只打一次就够吃半年的。人家那才叫会打牌！不信，你给他个司长，他都不作，一个月打一次小牌就够了！"

秦妙斋从十五岁起就自称为宁夏第一才子。到二十多岁，看"才子"这个词儿不大时行了，乃改称为全国第一艺术家。据他自己说，他会雕刻、会作画、会弹古琴与钢琴、会作诗、小说,与戏剧:全能的艺术家。可是,谁也没有见过他雕刻,画图,弹琴,和作文章。

在平时,他自居为艺术家,别人也就顺口答音地称他为艺术家,倒也没什么。到了抗战时期,正是所谓国乱显忠臣的时候,艺术家也罢,科学家也罢,都要拿出他的真正本领来报效国家,而秦妙斋先生什么也拿不出来。这也不算什么。假若他肯虚心地去学习,说不定他也许有一点天才,能学会画两笔,或作些简单而通俗的文学,去宣传抗战,或者,干脆放弃了天才的梦,而脚踏实地地去作中小学的教师,或到机关中服务,也还不失为尽其在我。可是他不肯去学习,不肯去吃苦,而只想飘飘摇摇地作个空头艺术家。

他在抗战后,也曾加入艺术家们的抗战团体。可是不久便冷淡下来,不再去开会。因为在他想,自己既是第一艺术家,理当在各团体中取得领导的地位。可是,那些团体并没有对他表示敬意。他们好像对他和对一切好虚名的人都这么说:谁肯出力作抗战工作,谁便是好朋友;反之,谁要是借此出风头,获得一点虚名与虚荣,谁就乘早儿退出去。秦妙斋退了出来。但是,他不甘寂寞。他觉得这样的败退,并不是因为自己的浅薄虚伪,而是因为他的本领出众,不见容于那些妒忌他的人们。他想要独树一帜,自己创办一个什么团体,去过一过领导的瘾。这,又没能成功,没有人肯听他号召。在这之后,他颇费了一番思索,给自己想出两个字来:清高。当他和别人闲谈,或独自呻吟的时候,他会很得意地用这两个字去抹杀一切,而抬高自己:"而今的一般自命为艺术家的,都为了什么?什么也不为,除了钱!真正懂得什么叫作清高的是谁?"他的鼻尖对准了自己的胸口,轻轻地点点头。"就连那作教授的也算不上清高,教授难道不拿薪水么?……"可是"你怎么活着呢?你的钱从什么地方来呢?"有那心直口快的这么问他。"我,我,"他有点不好意思,而不能回答:"我爸爸给我!"

是的,秦妙斋的父亲是财主。不过,他不肯痛快地供给儿子钱花。这使秦妙斋时常感到痛苦。假若不是被人家问急了,他不肯轻易的提出"爸爸"来。就是偶尔地提到,他几乎要把那个最有力量的形容字——不清高——也加在他的爸爸头上去!

按照着秦老者的心意,妙斋应当娶个知晓三从四德的老婆,而后一扑纳心地在家里看守着财产。假若妙斋能这样办,哪怕就是吸两口鸦片烟呢,也能使老人家的脸上纵起不少的笑纹来。可是,有钱的老子与天才的儿子仿佛天然是对头。妙斋不听调遣。他要作诗,画画,而且——最使老人伤心的——他不愿意在家里蹲着。老人没有旁的办法,只好尽量地勒着钱。尽管妙斋的平信,快信,电报,一齐来催钱,老人还是毫不动感情地到月头才给儿子汇来"点心费"。这点钱,到妙斋手里还不够还债的呢。我们的诗人,是感受着严重的压迫。挣钱去吧,即不感觉趣味,又没有任何本领;不挣钱吧,那位不清高的爸爸又是这样的吝啬!金钱上既受着压迫,他满想在艺术界活动起来,给精神上一点安慰。而艺术界的人们对他又是那么冷淡!他非常的灰心。有时候,他颇想摹仿屈原,把天才与身体一齐投在江里去。投江是件比较难于作到的事。于是,他转而一想,打算作个青年的陶渊明。"顶好是退隐!顶好!"他自己念道着。"世人皆浊我独清!只有退隐,没别的话好讲!"

高高的个子，长长的脸，头发像粗硬的马鬃似的，长长的，乱七八糟的，披在脖子上。虽然身量很高，可好像里面没有多少骨头，走起路来，就像个大龙虾似的那么东一扭西一躬的。眼睛没有神，而且爱在最需要注意的时候闭上一会儿，仿佛是随时都在作梦。

作着梦似的秦妙斋无意中走到了树华农场。不知道是为欣赏美景，还是走累了，他对着一株小松叹了口气，而后闭了会儿眼。

也就是上午十一点钟吧，天上有几缕秋云，阳光从云隙发出一些不甚明的光，云下，存着些没有完全被微风吹散的雾。江水大体上还是黄的，只有江岔子里的已经静静地显出绿色。葡萄的叶子就快落净，茶花已顶出一些红瓣儿来。秦妙斋在鸭塘的附近找了块石头，懒洋洋地坐下。看了看四下里的山、江、花、草，他感到一阵难过。忽然地很想家，又似乎要作一两句诗，仿佛还有点触目伤情……这时候，他的感情极复杂，复杂到了既像万感俱来，又像茫然不知所谓的程度。坐了许久，他忽然在复杂混乱的心情中找到可以用话语说出来的一件事来。"我应当住在这里！"他低声对自己说。这句话虽然是那么简短，可是里边带着无限的感慨。离家，得罪了父亲，功未成，名未就……只落得独自在异乡隐退，想住在这静静的地方！他呆呆地看着池里的大白鸭，那洁白的羽毛，金黄的脚掌，扁而像涂了一层蜡的嘴，都使他心中更混乱，更空洞，更难过。这些白鸭是活的东西，不错；可是它们干吗活着呢？正如同天生下我秦妙斋来，有天才，有志愿，有理想，但是都有什么用呢？想到这里，他猛然的，几乎是身不由己的，立了起来。他恨这个世界，恨这个不叫他成名的世界!连那些大白鸭都可恨!他无意中地、顺手地捋下一把树叶,揉碎,扔在地上。他发誓,要好好地,痛快淋漓地写几篇文字,把那些有名的画家、音乐家、文学家都骂得一个小钱也不值!那群不清高的东西!

他向办公楼那面走,心中好像在说:"我要骂他们!就在这里,这里,写成骂他们的文章!"

丁主任刚刚梳洗完,脸上带着夜间又赢了钱的一点喜气。他要到院中吸点新鲜空气。安闲地,手揣在袖口里,像采菊东篱下的诗人似的,他慢慢往外走。

在门口,他几乎被秦妙斋撞了个满怀。秦妙斋,大龙虾似的,往旁边一闪;照常往里走。他恨这个世界,碰了人就和碰了一块石头或一株树一样,只有不快,用不着什么客气与道歉。

丁主任,老练,安详,微笑地看着这位冒失的青年龙虾。"找谁呀?"他轻轻问了声。

秦妙斋稍一愣,没有答理他。

丁主任好像自言自语地说,"大概是个画家。"

秦妙斋的耳朵仿佛是专为听这样的话的,猛地立住,向后转,几乎是喊叫地,"你说什么?"

丁主任不知道自己的话是说对了,还是说错了,可是不便收回或改口。迟顿了一下,还是笑着:"我说,你大概是个画家。"

"画家?画家?"龙虾一边问,一边往前凑,作着梦的眼睛居然瞪圆了。

丁先生不晓得怎样回答才好,只啊啊了两声。

妙斋的眼角上汪起一些热泪,口中的热涎喷到丁主任的脸上:"画家,我是——画家,你怎么知道?"说到这里,他仿佛已筋疲力尽,像快要晕倒的样子,摇晃着,摸索着,找到一只小凳,坐下,闭上了眼睛。

丁主任还笑着,可是笑得莫名其妙,往前凑了两步。还没走到妙斋的身边,妙斋的眼睛睁开了。"告诉你,我还不仅是画家,而且是全能的艺术家!我都会!"说着,他立起来,把右手扶在丁主任的肩上。"你是我的知己!你只要常常叫我艺术家,我就有了生命!生我者父母,知我者——你是谁?"

"我?"丁主任笑着回答。"小小园丁!"

"园丁?"

"我管着这座农场!"丁主任停住了笑。"你姓什么!"毫不客气地问。

"秦妙斋,艺术家秦妙斋。你记住,艺术家和秦妙斋老得一块儿喊出来;一分开,艺术家和我就都不存在了!"

"嗷!"丁主任的笑意又回到脸上,进了大厅,眼睛往四面一扫——壁上挂着些时人的字画。这些字画都不甚高明,也不十分丑恶。在丁主任眼中,它们都怪有个意思,至少是挂在这里总比四壁皆空强一些。不过,他也有个偏心眼,他顶爱那张长方的,石印的抗战门神爷,因为色彩鲜明,"真"有个意思。他的眼光停在那片色彩上。

随着丁主任的眼,妙斋也看见了那些字画,他把眼光停在了那张抗战画上。当那些色彩分明地印在了他的心上的时候,他觉到一阵恶心,像忽然要发痧似的,浑身的毛孔都像针儿刺着,出了点冷汗。定一定神,他扯着丁先生,扑向那张使他恶心的画儿去。发颤的手指,像一根挺身作战的小枪似的，指着那堆色彩："这叫画？这叫画？用抗战来欺骗艺术，该杀！该杀！"不由分说，他把画儿扯了下来，极快地撕碎，扔在地上，用脚狠狠地揉搓，好像把全国的抗战艺术家都踩在了泥土上似的。他痛快地吐了口气。

来不及拦阻妙斋的动作，丁主任只说了一串口气不同的"唉"！

妙斋犹有余怒，手指向四壁普遍的一扫："这全要不得！通通要不得！"

丁主任急忙挡住了他，怕他再去撕毁。妙斋却高傲地一笑："都扯了也没有关系，我会给你画！我给你画那碧绿的江、赭色的山、红的茶花、雪白的大鸭！世界上有那么多美丽的东西，为什么单单去画去写去唱血腥的抗战？混蛋！我要先写几篇文章，臭骂，臭骂那群污辱艺术的东西们。然后，我要组织一个真正艺术家的团体，一同主张——主张——清高派，暂且用这个名儿吧，清高派的艺术！我想你必赞同？"

"我？"丁主任不知怎样回答。

"你当然同意！我们就推你作会长！我们就在这里作画、治乐、写文章！"

"就在这里？"丁主任脸上有点不大得劲，用手摸了摸。

"就在这里！今天我就不走啦！"妙斋的嘴犄角直往外溅水星儿，"想想看，把这间大厅租给我，我爸爸有钱，你要多少我给多少。然后，我们艺术家们给你设计，把这座农场变成最美的艺术之家，艺术乐园！多么好！多么好！"

丁主任似乎得到一点灵感。口中随便用"要得""不错"敷衍着，心中可打开了算盘。在那次股东会上，虽然股东们对他没有什么决定的表示,可是他自己看得清清楚楚,大家对他多少有点不满意。他应当把事情调整一下,教大家看看,他不是没有办法的人。是呀,这里的大厅闲着没有用,楼上也还有三间空房,为什么不租出去,进点租钱呢?况且这笔租金用不着上账;即使教股东们知道了,大家还能为这点小事来质问吗?对!他决定先试一试这位艺术家。"秦先生,这座大厅咱们大家合用,楼上还有三间空房,你要就得都要,一年一万块钱,一次交清。"

妙斋闭了眼,"好啦,一言为定!我给爸爸打电报要钱。"

"什么时候搬进来?"丁主任有点后悔。交易这么容易成功,想必是要少了钱。但是,再一想,三间房,而且在乡下,一万元应当不算少。管它呢,先进一万再说别的!"什么时候搬进来?"

"现在就算搬进来了!"

"啊?"丁主任有点悔意了。"难道你不去拿行李什么的?"

"没有行李,我只有一身的艺术!"妙斋得意地哈哈地笑起来。

"租金呢?"

"那,你尽管放心:我马上打电报去!"

秦妙斋就这样的侵入了树华农场。不到两天,楼上已住满他的朋友。这些朋友,有男有女,有老有少,都时来时去,而绝对不客气。他们要床,便见床就搬了走;要桌子,就一声不响地把大厅的茶几或方桌拿了去。对于鸡鸭菜果,他们的手比丁主任还更狠,永远是理直气壮地拿起就吃。要摘花他们便整棵的连根儿拔出来。农场的工友甚至于须在夜间放哨，才能抢回一点东西来！

可是，丁主任和工友们都并不讨厌这群人。首要的因为这群人中老有女的，而这些女的又是那么大方随便，大家至少可以和她们开句小玩笑。她们仿佛给农场带来了一种新的生命。其次，讲到打牌，人家秦妙斋有艺术家的态度，输了也好，赢了也好，赌钱也好，赌花生米也好，一坐下起码二十四圈。丁主任原是不屑于玩花生米的，可是妙斋的热情感动了他，他不好意思冷淡地谢绝。

丁主任的心中老挂念着那一万元的租金。他时常调动着心思与语言，在最适当的机会暗示出催钱的意思。可是妙斋不接受暗示。虽然如此，丁主任可是不忍把妙斋和他的朋友撵了出去。一来是，他打听出来，妙斋的父亲的的确确是位财主；那么，假若财主一旦死去，妙斋岂不就是财产的继承人？"要把眼光放远一些！"丁主任常常这样警戒自己。二来是，妙斋与他的友人们，在实在没有事可干的时候，总是坐在大厅里高谈艺术。而他们的谈论艺术似乎专为骂人。他们把国内有名的画家、音乐家、文艺作家，特别是那些尽力于抗战宣传的，提名道姓地一个一个挨次咒骂。这，使丁主任闻所未闻。慢慢地，他也居然记住了一些艺术家的姓名。遇到机会，他能说上来他们的一些故事，仿佛他同艺术家们都是老朋友似的。这，使与他来往的商人或闲人感到惊异，他自己也得到一些愉快。还有，当妙斋们把别人咒腻了，他们会得意地提出一些社会上的要人来，"是的，我们要和他取得联络，来建设起我们自己的团体来！那，我可以写信给他；我要告诉明白了他，我们都是真正清高的艺术家!"……提到这些要人,他们大家口中的唾液都好像甜蜜起来,眼里发着光。"会长!"他们在谈论要人之后,必定这样叫丁主任:"会长,你看怎样?"丁主任自己感到身量又高了一寸似的!他不由地怜爱了这群人,因为他们既可以去与要人取得联络,而且还把他自己视为要人之一!他不便发表什么意见,可是常常和妙斋肩并肩地在院中散步。他好像完全了解妙斋的怀才不遇,妙斋微叹,他也同情地点着头。二人成了莫逆之交!

丁主任爱钱,秦妙斋爱名,虽然所爱的不同,可是在内心上二人有极相近的地方,就是不惜用卑鄙的手段取得所爱的东西。因此,丁主任往往对妙斋发表些难以入耳的最下贱的意见,妙斋也好好地静听,并不以为可耻。

眨眨眼,到了阳历年。

除夕,大家正在打牌,宪兵从楼上抓走两位妙斋的朋友。

丁主任口里直说"没关系",心中可是有点慌。他久走江湖,晓得什么是利,哪是害。宪兵从农场抓走了人,起码是件不体面的事,先不提更大的干系。

秦妙斋丝毫没感到什么。那两位被捕的人是谁?他只知道他们的姓名,别的一概不清楚。他向来不细问与他来往的人是干什么的。只要人家捧他,叫他艺术家,他便与人家交往。因此,他有许多来往的人,而没有真正的朋友。他们被捕去,他绝对没有想到去打听打听消息,更不用说去营救了。有人被捕去,和农场丢失两只鸭子一样无足轻重。本来嘛,神圣的抗战,死了那么多的人,流了那么多的血,他都无动于衷,何况是捕去两个人呢?当丁主任顺口搭音地盘问他的时候,他只极冷淡地说:"谁知道!枪毙了也没法子呀!"

丁主任,连丁主任,也感到一点不自在了。口中不说,心里盘算着怎样把妙斋赶了出去。"好嘛,给我这儿招来宪兵,要不得!"他自己念道着。同时,他在表情上,举动上,不由地对妙斋冷淡多了。他有点看不起妙斋。他对一切不负责任,可是他心中还有"朋友"这个观念。他看妙斋是个冷血动物。

妙斋没有感觉出这点冷淡来。他只看自己,不管别人的表情如何,举动怎样。他的脑子只管计划自己的事,不管替别人思索任何一点什么。

慢慢地,丁主任打听出来:那两位被捕的人是有汉奸的嫌疑。他们的确和妙斋没有什么交情,但是他们口口声声叫他艺术家,于是他就招待他们,甚至于允许他们住在农场里。平日虽然不负责任,可是一出了乱子,丁主任觉出自己的责任与身份来。他依然不肯当面告诉妙斋:"我是主任,有人来往,应当先告诉我一声。"但是,他对妙斋越来越冷淡。他想把妙斋"冰"了走。

到了一月中旬,局势又变了。有一天,忽然来了一位有势力、与场长最相好的股东。丁主任知道事情要不妙。从股东一进门,他便留了神,把自己的一言一笑都安排得像蜗牛的触角似的,去试探,警惕。一点不错,股东暗示给他,农场赔钱,还有汉奸随便出入,丁主任理当辞职。丁主任没有否认这些事实,可也没有承认。他说着笑着,态度极其自然。他始终不露辞职的口气。

股东告辞，丁主任马上找了秦妙斋去。秦妙斋是——他想——财主的大少爷，他须起码教少爷明白，他现在是替少爷背了罪名。再说，少爷自称为文学家。笔底下一定很好，心路也多，必定能替他给全体股东写封极得体的信。是的，就用全体职工的名义，写给股东们，一致挽留丁主任。不错，秦妙斋是个冷血动物；但是，"我走，他也就住不下去了！他还能不卖气力吗？"丁主任这样盘算好，每个字都裹了蜜似的，在门外呼唤："秦老弟！艺术家！"

秦妙斋的耳朵竖了起来，龙虾的腰挺直，他准备参加战争。世界上对他冷淡得太久了，他要挥出拳头打个热闹，不管是为谁，和为什么！"宁自一把火把农场烧得干干净净，我们也不能退出！"他喷了丁主任一脸唾沫星儿，倒好像农场是他一手创办起来似的。

丁主任的脸也增加了血色。他后悔前几天那样冷淡了秦妙斋，现在只好一口一个"艺术家"地来赎罪。谈过一阵，两个人亲密得很有些像双生的兄弟。最后，妙斋要立刻发动他的朋友："我们马上放哨，一直放到江边。他们假若真敢派来新主任，我就会教他怎么来，怎么滚回去！"同时，他召集了全体职工，在大厅前开会。他登在一块石头上，声色俱厉地演说了四十分钟。

妙斋在演说后，成了树华农场的灵魂。不但丁主任感激，就是职员与工友也都称赞他："人家姓秦的实在够朋友！"

大家并不是不知道，秦先生并不见得有什么高明的确切的办法。不过，闹风潮是赌气的事，而妙斋恰好会把大家感情激动起来，大家就没法不承认他的优越与热烈了。大家甚至于把他看得比丁主任还重要,因为丁主任虽然是手握实权,而且相当地有办法,可是他到底是多一半为了自己;人家秦先生呢,根本与农场无关,纯粹是路见不平,拔刀相助。这样,秦先生白住房、偷鸡蛋,与其他一切小小的罪过,都变成了理所当然的事。他,在大家的眼中,现在完全是个侠肠义胆的可爱可敬的人。

丁主任有十来天不在农场里。他在城里,从股东的太太与小姐那里下手,要挽回他的颓势。至于农场,他以为有妙斋在那里,就必会把大家团结得很坚固,一定不会有内奸,捣他的乱。他把妙斋看成了一座精神堡垒!等到他由城中回来,他并没对大家公开地说什么,而只时常和妙斋有说有笑地并肩而行。大家看着他们,心中都得到了安慰,甚至于有的人喊出:"我们胜利了!"

农场糟到了极度。那喊叫"我们胜利了"的,当然更肆无忌惮,几乎走路都要模仿螃蟹;那稍微悲观一些的,总觉得事情并不能这么容易得到胜利,于是抱着干一天算一天的态度,而拚命往手中搂东西,好像是说:"滚蛋的时候,就是多拿走一把小镰刀也是好的!"

旧历年是丁主任的一"关"。表面上,他还很镇定,可是喝了酒便爱发牢骚。"没关系!"他总是先说这一句,给自己壮起胆气来。慢慢地,血液循环的速度增加了,他身上会忽然出点汗。想起来了:张太太——张股东的二夫人——那里的年礼送少了!他愣一会儿,然后,自言自语地说:"人事,都是人事;把关系拉好,什么问题也没有!"酒力把他的脑子催得一闪一闪的,忽然想起张三,忽然想起李四,"都是人事问题!"

新年过了,并没有任何动静。丁主任的心像一块石头落了地。新年没有过好,必须补充一下;于是一直到灯节,农场中的酒气牌声始终没有断过。

灯节后的那么一天,已是早晨八点,天还没甚亮。浓厚的黑雾不但把山林都藏起去,而且把低处的东西也笼罩起来,连房屋的窗子都像挂起黑的帘幕。在这大雾之中,有些小小的雨点,有时候飘飘摇摇地像不知落在哪里好,有时候直滴下来,把雾色加上一些黑暗。农场中的花木全静静地低着头,在雾中立着一团团的黑影。农场里没有人起来,梦与雾好像打成了一片。

大雾之后容易有晴天。在十点钟左右,雾色变成红黄,一轮红血的太阳时时在雾薄的时候露出来,花木叶子上的水点都忽然变成小小的金色的珠子。农场开始有人起床。秦妙斋第一个起来,在院中绕了一个圈子。正走在大藤萝架下,他看见石板路上来了三个人。最前面的是一位女的,矮身量,穿着不知有多少衣服,像个油篓似的慢慢往前走,走得很吃力。她的后面是个中年的挑夫,挑着一大一小两只旧皮箱,和一个相当大的、风格与那位女人相似的铺盖卷,挑夫的头上冒着热汗。最后,是一位高身量的汉子,光着头,发很长,穿着一身不体面的西服,没有大衣,他的肩有些向前探着,背微微有点弯。他的手里拿着个旧洋磁的洗脸盆。

秦妙斋以为是他自己的朋友呢,他立在藤萝架旁,等着和他们打招呼。他们走近了,不相识。他还没动,要细细看看那个女的,对女的他特别感觉兴趣。那个大汉,好像走得不耐烦了,想赶到前边来,可是石板路很窄,而挑夫的担子又微微的横着,他不容易赶过来。他想踏着草地绕过来,可是脚已迈出,又收了回去,好像很怕踏损了一两根青草似的。到了藤架前,女的立定了,无聊地,含怨地,轻叹了一声。挑夫也立住。大汉先往四下一望,而后挤了过来。这时候,太阳下面的雾正薄得像一片飞烟,把他的眉眼都照得发光。他的眉眼很秀气,可是像受过多少什么无情的折磨似的,他的俊秀只是一点残余。他的脸上有几条来早了十年的皱纹。他要把脸盆递给女人,她没有接取的意思。她仅"啊"了一声,把手缩回去。大概她还要夸赞这农场几句,可是,随着那声"啊",她的喜悦也就收敛回去。阳光又暗了一些,他们的脸上也黯淡了许多。

那个女的不甚好看。可是,眼睛很奇怪,奇怪得使人没法不注意她。她的眼老像有甚么心事——像失恋,损伤了儿女或破产那类的大事——那样的定着,对着一件东西定视,好久才移开,又去定视另一件东西。眼光移开,她可是仿佛并没看到什么。当她注意一个人的时候,那个人总以为她是一见倾心,不忍转目。可是,当她移开眼光的时节,他又觉得她根本没有看见他。她使人不安、惶惑,可是也感到有趣。小圆脸,眉眼还端正,可是都平平无奇。只有在她注视你的时候,你才觉得她并不难看,而且很有点热情。及至她又去对别的人,或别的东西愣起来,你就又有点可怜她,觉得她不是受过什么重大的刺激,就是天生的有点白痴。

现在,她扭着点脸,看着秦妙斋。妙斋有点兴奋,拿出他自认为最美的姿态,倚在藤架的柱子上,也看着她。

"哪个叨?"挑夫不耐烦了:"走不走吗?"

"明霞,走!"那个男人毫无表情地说。

"干什么的?"妙斋的口气很不客气地问他,眼睛还看着明霞。

"我是这里的主任。"那个男的一边说,一边往里走。

"啊?主任?"妙斋挡住他们的去路。"我们的主任姓丁。"

"我姓尤,"那个男的随手一拨,把妙斋拨开,还往前走,"场长派来的新主任。"

秦妙斋愕住了,闭了一会儿眼,睁开眼,他像条被打败了的狗似的,从小道跑进去。他先跑到大厅。"丁,老丁!"他急切地喊。"老丁!"

丁主任披着棉袍,手里拿着条冒热气的毛巾,一边擦脸,一边从楼上走下来。

"他们派来了新主任!"

"啊?"丁主任停止了擦脸,"新主任?"

"集合!集合!教他怎么来的怎么滚回去!"妙斋回身想往外跑。

丁主任扔了毛巾,双手撩着棉袍,几步就把妙斋赶上,拉住。"等等!你上楼去,我自有办法!"

妙斋还要往外走,丁主任连推带搡,把他推上楼去。而后,把钮子扣好,稳重庄严地走出来。拉开门,正碰上尤主任。满脸堆笑地,他向尤先生拱手:"欢迎!欢迎!欢迎新主任!这是——"他的手向明霞高拱。没有等尤主任回答,他亲热地说:"主任太太吧?"紧跟着,他对挑夫下了命令:"拿到里边来吗!"把夫妻让进来,看东西放好,他并没有问多少钱雇来的,而把大小三张钱票交给挑夫——正好比雇定的价钱多了五角。

尤主任想开门见山地问农场的详情,但是丁务源忙着喊开水，洗脸水；吩咐工友打扫屋子，丝毫不给尤主任说话的机会。把这些忙完，他又把明霞大嫂长大嫂短地叫得震心，一个劲儿和她扯东道西。尤主任几次要开口，都被明霞给截了回去；乘着丁务源出去那会儿，她责备丈夫："那些事，干吗忙着问，日子长着呢，难道你今天就办公？"

第一天一清早，尤主任就穿着工人装，和工头把农场每一个角落都检查到，把一切都记在小本儿上。回来，他催丁主任办交代。丁主任答应三天之内把一切办理清楚。明霞又帮了丁务源的忙，把三天改成六天。

一点合理的错误，使人抱恨终身。尤主任——他叫大兴——是在英国学园艺的。毕业后便在母校里作讲师。他聪明，强健，肯吃苦。作起"试验"来，他的大手就像绣花的姑娘的那么轻巧、准确、敏捷。作起用力的工作来，他又像一头牛那样强壮，耐劳。他喜欢在英国，因为他不善应酬，办事认真，准知道回到祖国必被他所痛恨的虚伪与无聊给毁了。但是，抗战的喊声震动了全世界；他回了国。他知道农业的重要，和中国农业的急应改善。他想在一座农场里，或一间实验室中，把他的血汗献给国家。

回到国内，他想结婚。结婚，在他心中，是一件必然的，合理的事。结了婚，他可以安心地工作，身体好，心里也清静。他把恋爱视成一种精力的浪费。结婚就是结婚，结婚可以省去许多麻烦，别的事都是多余，用不着去操心。于是，有人把明霞介绍给他，他便和她结了婚。这很合理，但是也是个错误。

明霞的家里有钱。尤大兴只要明霞，并没有看见钱。她不甚好看，大兴要的是一个能帮助他的妻子，美不美没有什么关系。明霞失过恋，曾经想自杀；但这是她的过去的事，与大兴毫不相干。她没有什么本领，但在大兴想，女人多数是没有本领的；结婚后，他曾以身作则地去吃苦耐劳，教育她，领导她；只要她不瞎胡闹，就一切不成问题。他娶了她。

明霞呢，在结婚之前，颇感到些欣悦。不是因为她得到了理想爱人——大兴并没请她吃过饭，或给她买过鲜花——而是因为大兴足以替她雪耻。她以前所爱的人抛弃了她，像随便把一团废纸扔在垃圾堆上似的。但是，她现在有了爱人；她又可以仰着脸走路了。

在结婚后，她的那点欣悦和婚礼时戴的头纱差不多，永远收藏起去了。她并不喜欢大兴。大兴对工作的努力，对金钱的冷淡，对三姑六姨的不客气，都使她感到苦痛。但是，当有机会夫妇一道走的时候，她还是紧紧地拉着他，像将被溺死的人紧紧抓住一把水草似的。无论如何，他是一面雪耻的旗帜，她不能再把这面旗随便扔在地上！

大兴的努力、正直、热诚，使自己到处碰壁。他所接触到的人，会慢慢很巧妙地把他所最珍视的"科学家"三个字变成一种嘲笑。他们要喝酒去，或是要办一件不正当的事，就老躲开"科学家"。等到"科学家"天天成为大家开玩笑的用语，大兴便不能不带着太太另找吃饭的地方去！明霞越来越看不起丈夫。起初，她还对他发脾气，哭闹一阵。后来，她知道哭闹是毫无作用的，因为大兴似乎没有感情；她闹她的气，他作他的事。当她自己把泪擦干了，他只看她一眼，而后问一声："该作饭了吧？"她至少需要一个热吻，或几句热情的安慰；他至多只拍拍她的脸蛋。他决不问闹气的原因与解决的办法,而只谈他的工作。工作与学问是他的生命,这个生命不许爱情来分润一点利益。有时候,他也在她发气的时候,偷偷弹去自己的一颗泪,但是她看得出,这只是怨恨她不帮助他工作,而不是因为爱她,或同情她。只有在她病了的时候,他才真像个有爱心的丈夫,他能像作试验时那么细心来看护她。他甚至于坐在床边,拉着她的手,给她说故事。但是,他的故事永远是关于科学的。她不爱听,也就不感激他。及至医生说,她的病已不要紧了,他便马上去工作。医生是科学家,医生的话绝对不能有错误。他丝毫没想到病人在没有完全好了的时候还需要安慰与温存。

她不能了解大兴,又不能离婚,她只能时时地定睛发呆。

现在,她又随着大兴来到树华农场。她已经厌恶了这种搬行李,拿着洗脸盆的流浪生活。她作过小姐,她愿有自己的固定的,款式的家庭。她不能不随着他来。但是既来之则安之,她不愿过十天半月又走出去。她不能辨别谁好谁坏,谁是谁非,但是她决定要干涉丈夫的事,不教他再多得罪人。她这次须起码把丈夫的正直刚硬冲淡一些,使大家看在她的面上原谅了尤大兴。她开首便帮忙了丁务源,还想敷衍一切活的东西,就连院中的大鹅,她也想多去喂一喂。

尤主任第一个得罪了秦妙斋。秦妙斋没有权利住在这里,请出!秦妙斋本没有任何理由充足的话好说,但是他要反驳。说着说着,他找到了理由:"你为什么不称呼我为艺术家呢?"凭这个污辱,他不能搬走!"咱们等着瞧吧,看谁先搬出去!"

尤主任只知道守法讲理是当然的事。虽然回国以后,已经受过多少不近情理的打击,可是还没遇见这么荒唐的事。他动了气,想请警察把妙斋捉出去。这时候,明霞又帮了妙斋的忙,替他说了许多"不要太忙,他总会顺顺当当地搬出去"……

妙斋和丁务源开了一个秘密会议。妙斋主战,丁务源主和,但是在妙斋说了许多强硬的话之后,丁务源也同意了主战。他称赞妙斋的勇敢,呼他为侠义的艺术家。妙斋感激得几乎晕了过去。

事实上,丁务源绝对不想和尤主任打交手战。在和妙斋谈过话之后,他决定使妙斋和尤大兴作战,而他自己充好人。同时,关于他自己的事,他必定先和明霞商议一下,或者请她去办交涉。他避免与尤主任作正面冲突。见着大兴,他永远摆出使人信任的笑脸,他知道出去另找事作不算难,但是找与农场里这样的舒服而收入又高的事就不大容易。他决定用"忍"字对付一切。假若妙斋与工人们把尤主任打了,他便可以利用机会复职。即使一时不能复职,他也会运动明霞和股东太太们,教他作个副主任。他这个副主任早晚会把正主任顶出去,他自信有这个把握,只要他能忍耐。把妙斋与明霞埋伏在农场,他进了城。

尤主任急切地等着丁务源办交代,交代了之后,他好通盘地计划一切。但是,丁务源进了城。他非常着急。拿人一天的钱,他就要作一天的事,他最恨敷衍与慢慢地拖。在他急得要发脾气的时候,明霞的眼又定住了。半天,她才说话:"丁先生不会骗你,他一两天就回来,何必这么着急呢?"

大兴并不因妻的劝告而消了气,但是也不因生气而忘了作事。他会把怒气压在心里，而手脚还去忙碌。他首先贴出布告：大家都要六时半起床，七时上工。下午一点上工，五时下工。晚间九时半熄灯上门，门不再开。在大厅里，他贴好：办公重地，闲人免进。而后，他把写字台都搬了来，职员们都在这里办事——都在他眼皮底下办事。办公室里不准吸烟，解渴只有白开水。

命令下过后，他以身作则地，在壁钟正敲七点的时节，已穿好工人装，在办公厅门口等着大家。丁务源的"亲兵"都来得相当的早，因为他们知道自己毫无本事，而他们的靠山能否复职又无把握，所以他们得暂时低下头去。他们用按时间作事来遮掩他们的不会作事。有的工人迟到，受了秦妙斋的挑拨，他们故意和新主任捣乱。

尤主任忍耐地等着。等大家都来齐，他并没发脾气，也没说闲话。开门见山地，他分配了工作，他记不清大家的姓名，但是他的眼睛会看，谁是有经验的工人，谁是混饭吃的。对混饭吃的，他打算一律撤换，但在没有撤换之前，他也给他们活儿作——"今天，你不能白吃农场的饭，"他心里说。

"你们三位，"他指定三个工人，"去把葡萄枝子全剪了。不打枝子，下一季没法结葡萄。限两天打完。"

"怎么打？"一个工人故意为难。

"我会告诉你们！我领着你们去作！"然后，他给有经验的工人全分配了工作，"你们三位给果木们涂灰水，该剥皮的剥皮，该刻伤的刻伤，回来我细告诉你们。限三天作完。你们二位去给菜蔬上肥。你们三位去给该分根的花草分根……"然后，轮到那些混饭吃的："你们二位挑沙子，你们俩挑水,你们二位去收拾牛羊圈……"

混饭吃的都撅了嘴。这些事,他们能作,可是多么费力气,多么肮脏呢!他们往四下里找,找不到他们的救主丁务源的胖而发光的脸。他们祷告:"快回来呀!我们已经成了苦力!"

那些有经验的工人,知道新主任所吩咐的事都是应当作的。虽然他所提出的办法,有和他们的经验不甚相同的地方,可是人家一定是内行。及至尤主任同他们一齐下手工作,他们看出来,人家不但是内行,而且极高明。凡是动手的,尤主任的大手是那么准确,敏捷。凡是要说出道理的地方,尤主任三言五语说得那么简单,有理。从本事上看,从良心上说,他们无从,也不应当,反对他。假若他们还愿学一些新本事,新知识的话,他们应该拜尤主任为师。但是,他们的良心已被丁务源给蚀尽。他们的手还记得白板的光滑,他们的口还咂摸着大曲酒的香味;他们恨恶镰刀与大剪,恨恶院中与山上的新鲜而寒冷的空气。

现在,他们可是不能不工作,因为尤主任老在他们的身旁。他由葡萄架跑到果园,由花畦跑到菜园,好像工作是最可爱的事。他不叱喝人,也不着急,但是他的话并不客气,老是一针见血地使他们在反感之中又有点佩服。他们不能偷闲,尤主任的眼与脚是同样快的:他们刚要放下活儿,他就忽然来到,问他们怠工的理由。他们答不出。要开水吗?开水早送到了。热腾腾的一大桶。要吸口烟吗?有一定的时间。他们毫无办法。

他们只好低着头工作,心中憋着一股怨气。他们白天不能偷闲,晚间还想照老法,去捡几个鸡蛋什么的。可是主任把混饭的人们安排好，轮流值夜班。"一摸鸡鸭的档儿，我就晓得正要下蛋，或是不久就快下蛋了。一天该收多少蛋，我心中大概有个数目，你们值夜，夜间丢失了蛋，你们负责！"尤主任这样交派下去。好了，连这条小路也被封锁了！

过了几天，农场里一切差不多都上了轨道。工人们到底容易感化。他们一方面恨尤主任，一方面又敬佩他。及至大家的生活有了条理，他们不由地减少了恨恶，而增加了敬佩。他们晓得他们应当这样工作，这样生活。渐渐地，他们由工作和学习上得到些愉快，一种与牌酒场中不同的，健康的愉快。

尤主任答应下，三个月后，一律可以加薪，假若大家老按着现在这样去努力。他也声明：大家能努力，他就可以多作些研究工作，这种工作是有益于民族国家的。大家听到民族国家的字样，不期然而然都受了感动。他们也愿意多学习一点技术，尤主任答应下给他们每星期开两次晚班，由他主讲园艺的问题。他也开始给大家筹备一间游艺室，使大家得到些正当的娱乐。大家的心中，像院中的花草似的，渐渐发出一点有生气的香味。

不过，向上的路是极难走的。理智上的崇高的决定，往往被一点点浮浅的低卑的感情所破坏。情感是极容易发酒疯的东西。有一天，尤大兴把秦妙斋锁在了大门外边。九点半锁门，尤主任绝不宽限。妙斋把场内的鸡鹅牛羊全吵醒了，门还是没有开。他从藤架的木柱上，像猴子似的爬了进来，碰破了腿，一瘸一点的，他摸到了大厅，也上了锁。他一直喊到半夜，才把明霞喊动了心，把他放进来。

由尤主任的解说，大家已经晓得妙斋没有住在这里的权利,而严守纪律又是合理的生活的基础。大家知道这个,可是在感情上,他们觉得妙斋是老友,而尤主任是新来的,管着他们的人。他们一想到妙斋,就想起前些日子的自由舒适,他们不由地动了气,觉得尤主任不近人情。他们一一地来慰问妙斋,妙斋便乘机煽动,把尤大兴形容得不像人。"打算自自在在地活着,非把那个猪狗不如的东西打出去不可!"他咬着牙对他们讲。"不过,我不便多讲,怕你们没有胆子!你们等着瞧吧,等我的腿好了,我独自管教他一顿,教你们看看!"

他们的怒气被激起来,大家都不约而同地留神去找尤大兴的破绽,好借口打他。

尤主任在大家的神色上,看出来情势不对,可是他的心里自知无病,绝对不怕他们。他甚至于想到,大家满可以毫无理由地打击他,驱逐他,可是他决不退缩,妥协。科学的方法与法律的生活,是建设新中国的必经的途径。假若他为这两件事而被打,好吧,他愿作了殉道者。

一天,老刘值夜。尤主任在就寝以前,去到院中查看,他看见老刘私自藏起两个鸡蛋。他不能睁着一只眼,闭着一只眼地敷衍。他过去询问。

老刘笑了:"这两个是给尤太太的!"

"尤太太?"大兴仿佛不晓得明霞就是尤太太。他愣住了。及至想清楚了,他像飞也似的跑回屋中。

明霞正要就寝。平平的黄圆脸上没有任何表情,坐在床沿上,定睛看着对面的壁上——那里什么也没有。

"明霞!"大兴喘着气叫,"明霞,你偷鸡蛋?"

她极慢地把眼光从壁上收回,先看看自己拖鞋尖的绣花，而后才看丈夫。

"你偷鸡蛋？"

"啊！"她的声音很微弱，可是一种微弱的反抗。

"为什么？"大兴的脸上发烧。

"你呀，到处得罪人，我不能跟你一样！我为你才偷鸡蛋！"她的脸上微微发出点光。

"为我？"

"为你！"她的小圆脸更亮了些，像是很得意。"你对他们太严，一草一木都不许私自动。他们要打你呢！为了你，我和他们一样地去拿东西，好教他们恨你而不恨我。他们不恨我，我才能为你说好话，不是吗？自己想想看！我已经攒了三十个大鸡蛋了！"她得意地从床下拉出一个小筐来。

尤大兴立不住了。脸上忽然由红而白。摸到一个凳子，坐下，手在膝上微颤。他坐了半夜，没出一声。

第二天一清早，院里外贴上标语，都是妙斋编写的。"打倒无耻的尤大兴！""拥护丁主任复职！""驱逐偷鸡蛋的坏蛋！""打倒法西斯的走狗！""消灭不尊重艺术的魔鬼！"……

大家罢了工，要求尤大兴当众承认偷蛋的罪过，而后辞职，否则以武力对待。

大兴并没有丝毫惧意，他准备和大家谈判。明霞扯住了他。乘机会，她溜出去，把屋门倒锁上。

"你干吗？"大兴在屋里喊，"开开！"

她一声没出，跑下楼去。

丁务源由城里回来了，已把副主任弄到手。"喝！"他走到石板路上，看见剪了枝的葡萄，与涂了白灰的果树，"把葡萄剪得这么苦。连根刨出来好不好！树也擦了粉，硬是要得！"

进了大门，他看到了标语。他的脚踵上像忽然安了弹簧，一步催着一步地往院中走，轻巧，迅速；心中也跳得轻快，好受；口里将一个标语按照着二黄戏的格式哼唧着。这是他所希望的，居然实现了！"没想到能这么快！妙斋有两下子！得好好的请他喝两杯！"他口中唱着标语，心中还这么念道。

刚一进院子，他便被包围了。他的"亲兵"都喜欢得几乎要落泪。其余的人也都像看见了久别的手足，拉他的，扯他的，拍他肩膀的，乱成一团；大家的手都要摸一摸他，他的衣服好像是活菩萨的袍子似的，挨一挨便是功德。他们的口一齐张开，想把冤屈一下子都倾泻出来。他只听见一片声音，而辨不出任何字来。他的头向每一个人点一点，眼中的慈祥的光儿射在每一个人的身上，他的胖而热的手指挨一挨这个，碰一碰那个。他感激大家，又爱护大家，他的态度既极大方，又极亲热。他的脸上发着光，而眼中微微发湿。"要得！""好！""噉！""他妈拉个巴子！"他随着大家脸上的表情，变换这些字眼儿。最后，他向大家一举手，大家忽然安静了。"朋友们，我得先休息一会儿，小一会儿；然后咱们再详谈。不要着急生气，咱们都有办法，绝对不成问题！"

"请丁主任先歇歇！让开路！别再说！让丁主任休息去！"大家纷纷喊叫。有的还恋恋不舍地跟着他，有的立定看着他的背影，连连点头赞叹。

丁务源进了大厅，想先去看妙斋。可是，明霞在门旁等着他呢。

"丁先生！"她轻轻地，而是急切地，叫，"丁先生！"

"尤太太！这些日子好吗？要得！"

"丁先生！"她的小手揉着条很小的，花红柳绿的手帕。"怎么办呢？怎么办呢？"

"放心！尤太太！没事！没事！来！请坐！"他指定了一张椅子。

明霞像作错了事的小女孩似的，乖乖地坐下，小手还用力揉那条手帕。

"先别说话，等我想一想！"丁务源背着手，在屋中沉稳而有风度地走了几步。"事情相当的严重，可是咱们自有办法，"他又走了几步，摸着脸蛋，深思细想。

明霞沉不住气了，立起来，追着他问："他们真要打大兴吗？"

"真的！"丁副主任斩钉截铁地回答。

"那怎么办呢？怎么办呢？"明霞把手帕团成一个小团，用它擦了擦鼻洼与嘴角。

"有办法！"丁务源大大方方地坐下。"你坐下，听我告诉你，尤太太！咱们不提谁好谁歹，谁是谁非，咱们先解决这件事，是不是？"

明霞又乖乖地坐下，连声说"对！对！"

"尤太太看这么办好不好？"

"你的主意总是好的！"

"这么办：交代不必再办，从今天起请尤主任把事情还全交给我办，他不必再分心。"

"好！他一向太爱管事！"

"就是呀！教他给场长写信，就说他有点病，请我代理。"

"他没有病,又不爱说谎!"

"在外边混事,没有不扯谎的!为他自己的好处,他这回非说谎不可!"

"噢!好吧!"

"要得!请我代理两个月,再教他辞职,有头有脸地走出去,面子上好看!"

明霞立起来:"他得辞职吗?"

"他非走不可!"

"那,"

"尤太太,听我说!"丁务源也立起来。"两个月,你们照常支薪,还住在这里,他可以从容地去找事。两个月之中,六十天工夫,还找不到事吗?"

"又得搬走?"明霞对自己说,泪慢慢地流下来。愣了半天,她忽然吸了一吸鼻子,用尽力量地说:"好!就是这么办啦!"她跑上楼去。

开开门一看,她的腿软了,坐在了地板上。尤大兴已把行李打好,拿着洗面盆,在床沿上坐着呢。

沉默了好久,他一手把明霞搀起来,"对不起你,霞!咱们走吧!"

院中没有一个人,大家都忙着杀鸡宰鸭,欢宴丁主任,没工夫再注意别的。自己挑着行李,尤大兴低着头向外走。他不敢看那些花草树木——那会教他落泪。明霞不知穿了多少衣服,一手提着那一小筐鸡蛋,一手揉着眼泪,慢慢地在后面走。

树华农场恢复了旧态,每个人都感到满意。丁主任在空闲的时候,到院中一小块一小块地往下撕那些各种颜色的标语,好把尤大兴完全忘掉。

不久,丁主任把妙斋交给保长带走,而以一万五千元把空房租给别人,房租先付,一次付清。

到了夏天,葡萄与各种果树全比上年多结了三倍的果实,仿佛只有它们还记得尤大兴的培植与爱护似的。

果子结得越多,农场也不知怎么越赔钱。